Viola Windgassen

DEINE WƎLT DREHT SICH NUR UM DICH

FSC
www.fsc.org
MIX
Papier aus verantwortungsvollen Quellen
Paper from responsible sources
FSC® C105338

1. Auflage Mai 2024

Veröffentlicht im Trabanten Verlag

Berlin, Mai 2024

ISBN: 978-3-98697-074-1

www.trabantenverlag.de

Viola Windgassen

DEINE WELT DREHT SICH NUR UM DICH

Mentale Gesundheit durch den Fokus auf dich selbst

TRA
BAN
TEN

Inhalt

Einleitung

„Kind, deine Welt kann sich nur um dich drehen!", hat meine Mutter mir schon als kleines Mädchen immer wieder gesagt. Wie vieles, was Eltern einem in jungen Jahren auf den Weg geben, habe ich zunächst nicht genau verstanden, was sie damit meint. Aus heutiger Sicht deute ich es so, dass sie mir bewusst machen wollte, dass ich nur aus meiner Perspektive handeln kann. Ich bin also der Nabel meiner Welt, von dem aus alles um mich herum passiert. Was zunächst logisch klingt, wurde umso verwirrender, als ich als Heranwachsende immer wieder den Satz „Die Welt dreht sich nicht nur um dich!" zu hören bekam. Meist in einem Kontext, in dem ich meine Bedürfnisse geäußert habe.

Ich bin nicht die Einzige, die diesen oder einen ganz ähnlichen Satz im Laufe ihres Lebens gehört hat. Ich habe mir die Frage gestellt, warum er überhaupt gesagt wird. Welchen Inhalt er transportiert. Was er eigentlich genau meint. Und am Wichtigsten: was er mit den Menschen macht, die ihn immer wieder hören. Selbst wenn so ein Satz nie laut ausgesprochen wurde, wird er doch in vielen Familien gelebt. Wenn unsere Welt sich um die anderen dreht, wo stehen wir dann? Von wo aus steuern wir unser eigenes Leben? Was könnte passieren, wenn wir uns zum Nabel der eigenen Welt machen und den Fokus auf uns selbst legen?

In meiner Arbeit als Psychologin und systemische Einzel-, Paar- und Familientherapeutin habe ich bereits viele Klient*innen begleitet, deren Schwierigkeiten in Beziehung zu anderen, im familiären und beruflichen Umfeld etwas mit der fehlenden Fähigkeit, sich selbst an die erste Stelle des eigenen Lebens zu stellen, zu tun haben. Oft geprägt durch tiefe Glaubenssätze, Verstrickungen im Familiensystem und Vorbilder, die uns beigebracht haben, dass es nicht in Ordnung oder sogar schädlich ist, sich selbst zu wichtig zu nehmen. In Vielen keimt im Laufe ihres Lebens der Wunsch auf, sich mehr Raum zu nehmen und die Bedürfnisse anderer nicht mehr vor die eigenen zu stellen. Jedoch ist dies oft mit einem schlechten Gewissen und großen inneren Konflikten verbunden. In diesem Buch möchte ich Menschen, die Schwierigkeiten haben, den Fokus auf sich selbst zu legen, helfen, die individuellen Hintergründe davon zu verstehen und Hilfsmittel an die Hand geben, Schritte der Veränderung zu gehen. Durch Fallbeispiele, Reflexionsfragen und praktische Methoden, die jede*r selbst ausprobieren kann. Denn, wer die eigenen Bedürfnisse besser wahrnehmen kann, sich traut, mehr Grenzen zu setzen und sich die Gefühle dazu erlaubt, hat es leichter, aus der eigenen Position heraus zu handeln. Dazu ist eine Auseinandersetzung mit der Familiengeschichte, den eigenen Glaubenssätzen, den Loyalitäten im Familiensystem und der Erkennung der Funktion des Verhaltens hilfreich. Mut und Neugierde sind wertvolle Begleiter, um sich selbst in dieser neuen Rolle kennenzulernen. Dabei sollen keine

Defizite fokussiert werden. Es gibt bei diesem Thema kein richtig und falsch und keinen erhobenen Zeigefinger. Es geht um die Bewegung in eine neue Richtung, im eigenen Tempo.

Was ist ein System?

Durch meinen therapeutischen Hintergrund werde ich den Begriff des (Familien-)Systems in diesem Buch immer wieder nutzen. Ich möchte das System, so wie es in der systemischen Therapie gemeint ist, einmal einordnen. Ein soziales System entsteht dann, wenn in Beziehung miteinander gegangen wird und es eine gewisse Abgrenzung nach Außen gibt. Am Beispiel der Familie ist das gut zu veranschaulichen. Die Familie ist ein soziales Gefüge, in dem alle miteinander in einer Verbindung stehen, manche näher und manche weiter entfernt. Wer genau zum engen und entfernten Familiensystem gehört, entscheidet die eigene Wahrnehmung. Diese Frage würden verschiedene Familienmitglieder derselben Familie unterschiedlich beantworten. Eine Familie ist nach Außen abgrenzt und das nicht nur und nicht immer durch Genetik, sondern durch einen gemeinsamen Namen, ein Grundstück, eine Geschichte. Die genaue Definition bleibt aber jeder Familie selbst überlassen. Auch die Kultur beeinflusst, wer zur engeren Familie gezählt wird und wie durchlässig die Grenze ist.

Ein System entsteht fast überall, wo wir uns bewegen. Neben der Familie ist ein System zum Beispiel eine Schulklasse, eine Firma, ein Verein oder entsteht durch Situationen im Alltag.

Ich möchte es an einem einfachen Beispiel verdeutlichen: Ein Linienbus fährt mit vielen Fahrgästen die gewohnte Strecke, keiner der Insassen kennt sich. Verläuft die Fahrt ohne besondere Vorkommnisse, werden alle im Laufe der Fahrt aussteigen und keiner der Mitfahrenden wird sich besonders verbunden fühlen. Sollte dieser Bus jedoch einen Unfall haben, in dem Personen verletzt werden, würde sich das schlagartig ändern. Dann würden die Fahrgäste miteinander in Verbindung treten. Manche würden souverän den Verletzten helfen, andere rufen den Rettungsdienst und wieder andere sind überfordert und wissen nicht, wie sie helfen können. Es entsteht plötzlich ein System, welches miteinander interagiert und in dem jede Person eine Rolle einnimmt. Eigentlich war das System schon vorher da, da alle miteinander im Bus saßen. Es gab nur keinen Grund zu interagieren. In einer Familie oder Beziehung, in der Arbeit oder in Freizeitgruppen gibt es jede Menge Gründe zu interagieren, weshalb das System miteinander in Bewegung ist.

Den Fokus auf die eigene Person zu legen bedeutet, sich Raum zu nehmen. Raum ist im System begrenzt. Haben wir schon in unserer Ursprungsfamilie durch Interaktion mit anderen Systemmitgliedern gelernt, dass es nicht in Ordnung ist, sich „zu viel“ Raum zu nehmen, dann werden wir diese Erfahrung und dieses Muster wahrscheinlich auf andere Systeme in unserem Leben übertragen. Das kann sich durch mehrere Generationen ziehen. Gab es beispielsweise eine Großmutter, die allen nach ihr kommenden weiblichen Familienmitgliedern immer wieder gesagt hat, dass Frauen sich zurücknehmen sollten und lieber nicht gegen den Mann stellen, dann führt das zu gewissen Glaubenssätzen bei den weiblichen Nachkommen. Dieser Glaubenssatz kann sein: „Es ist sicherer, nichts zu sagen.“ Diese verinnerlichte Einstellung kann dazu führen, sich nicht nur in der Familie, sondern auch im beruflichen Umfeld weniger zuzutrauen und Angst davor zu haben, dem Chef zu widersprechen, da es „besser ist, nichts zu sagen“. Zu verstehen, dass diese Großmutter ihre eigene Geschichte hat und gute Gründe für die Entstehung ihrer Glaubenssätze, kann helfen, sich von den Sätzen der Großmutter zu distanzieren. Denn das Schicksal der Großmutter ist nicht das eigene Schicksal. Um diese Verknüpfungen zu finden, ist es notwendig, sich mit der eigenen Geschichte auseinanderzusetzen.

In der systemischen Therapie und Beratung gibt es einige Methoden und Fragetechniken, die hilfreich sein können, um die eigene Perspektive zu verändern, Lösungsansätzen näherzukommen oder herauszufinden, wo man gerade steht und wo man hin möchte. Einige dieser Methoden und Fragen nutze ich an verschiedenen Stellen in diesem Buch.

Was ist der Fokus auf sich selbst?

Der Begriff „Fokus“ hat mehrere Bedeutungen. In diesem Buch lässt sich der Fokus am besten mit Aufmerksamkeit oder dem Mittelpunkt beschreiben. Der „Fokus auf sich selbst“ bedeutet also, sich selbst mehr Aufmerksamkeit zu schenken und sich mehr in den Mittelpunkt des eigenen Lebens zu stellen. Sich selbst nicht zu vergessen und der eigenen Person mit der gleichen Wichtigkeit und Wertigkeit zu begegnen wie anderen. Eigene Bedürfnisse ernst zu nehmen und sich selbst Raum zu nehmen. Wünsche und Träume wahrzunehmen, zuzulassen und sich zu erlauben, sie umzusetzen. Dabei geht es auch darum, die Verantwortung für die Gefühle anderer nicht zu übernehmen und das auszuhalten.

Was ich damit nicht meine, ist, wie ein Mähdrescher über die Gefühle und Bedürfnisse von anderen zu fahren. Es geht nicht darum, die Menschen um einen herum nicht mehr wahrzunehmen oder sich selbst wichtiger als die anderen zu nehmen. Denn Mitmenschen zu helfen oder zu unterstützen, kann einige gute Gefühle in uns auslösen und ist wichtig für die Gesellschaft und das Miteinander. Zudem zählen Hilfsbereitschaft und Empathie zu guten und wichtigen Persönlichkeitseigenschaften. Es kommt aber auf das Maß der Dinge an.

Inwiefern jede Person, die das liest, etwas am gegenwärtigen Zustand verändern möchte, ist eine sehr individuelle

Frage. Dabei gibt es keine richtige oder falsche Art dies zu tun, es gibt kein Schwarz und Weiß. Es gibt einen großen Graubereich, wenn es darum geht, den Fokus mehr auf die eigene Person, mit den eigenen Gefühlen und Bedürfnissen, zu legen. Jede Person kann nur für sich selbst festlegen, wie viele Schritte in welche Richtung sie gehen will. Denn fast jede Veränderung ist mit Angst verbunden und kostet einen Preis. Wer beginnt, den Fokus verstärkt auf sich selbst zu legen, bekommt wahrscheinlich Gegenwind vom sozialen Umfeld. Oder setzt Grenzen und kann diese doch nicht einhalten. Oder verliert ein Stück Identität, da ein großer Teil des Selbstwerts davon abhängt, für andere da zu sein. Es geht dabei nicht darum, etwas perfekt zu machen oder Profi darin zu werden, Bedürfnisse zu äußern oder Grenzen zu setzen. Es geht darum, zu verstehen, was es für einen Mehrwert bringen kann, sich selbst an die eigene erste Stelle zu stellen.

ÜBUNG:

Zur eigenen Einschätzung können Skalierungsfragen hilfreich sein. Auf einer Skala von 1 bis 10.

(1 = du hast den Fokus überhaupt nicht auf dir selbst, sondern nur die Bedürfnisse anderer im Blick

10 = du bist richtig gut darin, dich in den Mittelpunkt deines Lebens zu stellen, hast kein schlechtes Gewissen deine Bedürfnisse zu äußern und durchzusetzen)

Wo siehst du dich derzeit?

Wo möchtest du gerne hin? Warum? In welchem Zeitraum?

An der Skalierungsfrage wird deutlich, dass es bei diesem Thema kein „entweder-oder" gibt. Jede Person steht an einem individuellen Punkt und kann sich ein paar Schritte bewegen.

FALLBEISPIEL

Als die 32-jährige Annette zu mir kam, erzählte sie, dass sie eine tiefe Unzufriedenheit spüre, die in den letzten Jahren zugenommen hat. Sie fühle sich ausgebrannt, hat das Gefühl, weder dem Mann noch den Kindern gerecht zu werden. Und das, obwohl sie ihren Job aufgegeben hat, zum Wohle der Familie. Sie erzählte, dass sie, als sie noch Single war, ein paar Mal allein verreist wäre und danach eine Ausbildung zur Logopädin gemacht hatte. Nicht ihr Traumberuf, da sie eigentlich Kinderärztin werden wollte, aber ohne Abitur war das nicht möglich. Abitur galt in ihrer Familie als unnötig und etwas für die Oberschicht. Als Logopädin konnte sie zumindest mit Kindern arbeiten. Kurz nach Beendigung der Ausbildung lernte sie ihren Mann kennen. Sie war froh ihn so früh kennengelernt zu haben, da sie es wie ihre Eltern machen wollte – früh heiraten und zwei Kinder bekommen. Auch ihre Mutter hatte ihren Beruf als Schneiderin aufgegeben, als das erste Kind kam, und kümmert sich heute mit Hingabe um die Enkel, die schon da sind. Das Bedürfnis danach eine gute Mutter und Ehefrau zu sein, entwickelte Annette schon früh. „Kinder sind das Wichtigste im Leben" und „Eine Frau sollte die Familie zusammenhalten und dem Mann den Rücken freihalten" sagte ihre Mutter oft zu ihr. Sie hat ihr beigebracht, wie man deftig kocht und Bettwäsche ordentlich bügelt. Hauptsache, allen geht es gut.

Annette hat dieses Lebensmodell nie hinterfragt, da alle zufrieden damit schienen und sie das Leben als Kind mit einer ständig anwesenden Mutter sehr genossen hat. Sie dachte nach der Geburt des ersten Kindes darüber nach, wieder in ihren Job einzusteigen, aber ihr wurde vom Umfeld gesagt, „wie schade es sei, wenn Kinder einen zu großen Altersunterschied hätten" und sie „solle doch mal an die Kinder denken". Also dachte Annette an die Kinder und nicht an sich. Das war doch sowieso immer ihr Plan. Oder? Annette bekam bald ihr zweites Kind und während alles teurer wurde und ihr Mann mehr arbeiten musste, wuchs ihre Unzufriedenheit. Sie hatte doch alles, warum konnte sie nicht glücklich sein? Sie fühlte sich schlecht bei dem Gedanken, dass sie nicht so richtig glücklich war. Der Alltag langweilte sie. Sie liebte ihre Kinder, aber immer weniger sich selbst. Sie hat sich völlig aus dem Fokus verloren.

Annette ist mit Glaubenssätzen aufgewachsen, die es ihr schwer gemacht haben, sich in den Fokus des eigenen Lebens zu rücken. Eine aufopferungsvolle Mutter als Vorbild zu haben, macht es nicht leichter, für die eigenen Bedürfnisse einzustehen. Ein Leben, in dem durch das Kümmern um Kinder die eigenen Bedürfnisse zeitweise sowieso nach hinten rutschen, kann das Fass zum Überlaufen bringen. Die Lösung für Annette war es, sich durch Hilfe von Außen Auszeiten zu schaffen und sich zu erlauben, Interessen abseits der Familie zu suchen. Zudem gab es ein offenes Gespräch mit ihrem Mann über die Verteilung der Erwerbs- und der Care-Arbeit. Dies war zunächst mit einem sehr schlechten Gewissen verbunden, das mit der Zeit kleiner wurde.

Eine Geschichte wie die von Annette ist beispielhaft für viele Frauen, die Schwierigkeiten damit haben, den Fokus auf sich selbst zu legen.
Nicht außer Acht zu lassen ist in diesem Zusammenhang die Geschichte der Frau mit ihrer Rolle in der Gesellschaft, die jahrzehntelang unterdrückt wurde und nach wie vor wird. Der beigebracht wurde, dass sie und ihre Bedürfnisse keinen hohen Stellenwert haben. Noch heute tragen viele Frauen dieses Erbe in sich und erleben im Alltag Situationen, in denen sie nicht ernst genommen werden. Haben von der Mutter gelernt, dass es besser ist, sich zurückzunehmen und sich um andere zu kümmern. Diese Mütter haben es von der eigenen Mutter gelernt und so zieht sich dieses Bild der eigenen Position im Familien-, Arbeits- oder Beziehungssystem oft durch viele Generationen. Da die Geschichte der Unterdrückung des weiblichen Geschlechts eine ist, die mehrere Bücher füllen könnte, werde ich dieses Thema nicht weiter ausführen. Dennoch bin ich mir bewusst, dass der Ursprung der Schwierigkeit, den Fokus auf die eigene Person zu legen, darin begründet sein kann. In meiner Arbeit begegnen mir zwar weniger, aber dennoch regelmäßig Personen männlichen Geschlechts, die ebenfalls Schwierigkeiten haben, sich selbst

in den Fokus zu rücken oder ständigen Druck verspüren, das tun zu müssen. In diesem Buch sollen sich alle Geschlechter angesprochen fühlen.

Auswirkungen auf die mentale Gesundheit

Schwierigkeiten damit zu haben, den Fokus auf die eigene Person zu legen, ist keine Krankheit. Aber es kann die Lebensqualität stark beeinträchtigen. Die mentale, oder auch psychische Gesundheit, wird von der Weltgesundheitsorganisation WHO definiert als „ein Zustand des Wohlbefindens, in dem eine Person ihre Fähigkeiten ausschöpfen, die normalen Lebensbelastungen bewältigen, produktiv arbeiten und einen Beitrag zu ihrer Gemeinschaft beitragen kann." Was heißt das genau? Wie kommt jemand in einen Zustand des Wohlbefindens?

Der Psychotherapeut Klaus Grawe hat im Rahmen seiner Forschung vier Grundbedürfnisse des Menschen herausgearbeitet. Demnach ist es für unser mentales Wohlbefinden unerlässlich, dass diese Bedürfnisse erfüllt sind. Zunächst gibt es das Bedürfnis nach *Bindung*, also eine verlässliche Beziehung. Ohne Bindung können wir uns einsam oder ausgegrenzt fühlen. Ein weiteres Grundbedürfnis ist das nach *Selbstwerterhöhung und Selbstwertschutz*. Das heißt, sich als liebenswert und kompetent zu erleben und vom Umfeld respektiert und anerkannt zu werden. Beim Bedürfnis nach

Orientierung und Kontrolle geht es um das Gefühl, die Welt zu verstehen und Entwicklungen vorherzusehen beziehungsweise beeinflussen zu können. Ist dies nicht gegeben, können wir uns hilflos und unsicher fühlen. Um das Bedürfnis nach *Lustgewinn und Unlustvermeidung* zu befriedigen, braucht es lust- und freudvolle Erfahrungen und die Vermeidung von unangenehmen Gefühlen oder Situationen.

Um in einen Zustand des Wohlbefindens zu kommen und um diese Grundbedürfnisse zu erfüllen, braucht jede Person etwas anderes. Mag es für eine Person der kleine Stadtbalkon sein, der ihr das größte Glück bedeutet, wenn sie dort nach Feierabend mit ihren Freundinnen sitzen kann, ist es für eine andere Person der Bauernhof, auf dem sich die große Familie gemeinsam ein Leben schafft. Wieder andere wissen (noch) nicht, was sie zu ihrem persönlichen Glück brauchen. Wenn sich das Gefühl einstellt, dem Leben mit all seinen Facetten und Schwierigkeiten begegnen zu können, empfinden die meisten von uns Zufriedenheit und ein Gefühl der Sicherheit. Wenn dazu noch körperliche Gesundheit kommt, ein stabiles soziales Netz, eine gewisse Entscheidungsfreiheit, Planbarkeit und ein Gefühl der Autonomie, dann würden die meisten von uns von einem Zustand mentaler Gesundheit sprechen. Das schließt auch ein, sich um die eigenen Bedürfnisse zu kümmern und die eigene mentale Gesundheit als Priorität zu setzen. Also den Fokus auf sich selbst zu legen.

Hintergründe verstehen

Wer für sich definiert hat, dass es ein Problem gibt und sich eine Veränderung wünscht, der kommt nicht umhin, sich mit den Hintergründen des Problems zu beschäftigen. Zu verstehen, warum etwas ist, wie es ist, kann den Weg zur Veränderung und zur Lösung ebnen. In den folgenden Kapiteln geht es um verschiedene psychologische Themen, die mit der Fähigkeit zusammenhängen können, sich selbst in den Fokus seines Lebens zu stellen. Die Hintergründe, Fallbeispiele und Übungen sollen zum Nachdenken anregen, im letzten Abschnitt kann der eigene Methodenkoffer gefüllt werden.

Der People Pleaser

Der Begriff „People Pleaser“ ist in den letzten Jahren immer bekannter geworden. Damit wird eine Person beschrieben, die anderen Menschen gefallen möchte, indem sie versucht, es ihnen recht zu machen und die vermeintlichen Erwartungen zu erfüllen. Dieses Verhalten kann innerhalb der Familie, in Beziehungen, Freundschaften oder im beruflichen Umfeld gezeigt werden. Viele Menschen sind nicht in allen Bereichen ihres Lebens „People Pleaser“ oder sind es in verschiedenen Bereichen unterschiedlich stark. Menschen mit der Tendenz zum People Pleasing versuchen, unangenehme Gefühle zu vermeiden. Die Angst vor Ablehnung, dem Versagen und vor

Schamgefühlen ist immer präsent und lenkt Entscheidungen und Verhalten. Manche Menschen haben zwar eine ausgeprägte Meinung, trauen sich aber kaum, diese zu äußern. Oder sie gehen vor allem in dem Gefühl auf, anderen zu helfen und für sie da zu sein. Harmonie soll möglichst erhalten bleiben und Kritik wird aus dem Weg gegangen.

Dieses Verhaltensmuster entsteht oftmals in der Kindheit innerhalb familiärer Strukturen. Manchmal auch später im Leben. Verschiedene Dynamiken können dazu führen, dass Menschen lernen, ihre eigenen Bedürfnisse für die Bedürfnisse anderer zurückzustellen. Meist sind es konfliktreiche oder krisenhafte Situationen, in denen Kinder oder Heranwachsende lernen, es anderen recht zu machen. Es entsteht eine Angst davor, andere zu enttäuschen oder sich unbeliebt zu machen. Meistens um den eigenen Selbstwert zu schützen und die Zugehörigkeit zu sichern. Es wird versucht, die Erwartungen des Gegenübers möglichst frühzeitig zu erkennen, um dann adäquat zu reagieren. Das bedarf einer gewissen Feinfühligkeit und der Fähigkeit, sich in andere hineinzuversetzen.

War in Familiensystemen zeitweise kein Platz für die Befriedung der Bedürfnisse von mehreren Personen, dann nimmt sich ein Kind meist ganz automatisch zurück. Oftmals begegnet mir dieses Thema in Familien mit mehreren Kindern, von denen ein Kind große Aufmerksamkeit benötigt hat. Sei es durch eine körperliche oder psychische Erkrankung, eine

Behinderung, einen Unfall oder Verhaltensauffälligkeiten. Schon eine sehr ausladende Pubertät kann zum Beispiel beim Geschwisterkind dazu führen, dass es still und brav wird, da es merkt, dass die Eltern oder ein Elternteil anderweitig beschäftigt sind und nicht noch weiteren Ärger machen möchte. Sie werden dafür gelobt „mitzulaufen", pflegeleicht zu sein und sich im jungen Alter selbst gut zu organisieren. Was aber eigentlich passiert, ist, dass diese Kinder zu schnell erwachsen werden und versuchen, ihre Bedürfnisse in den Hintergrund zu stellen. Sie machen vieles mit sich selbst aus und entfernen sich leise vom Kern des Familiensystems. Darüber hinaus zeigen sie oft Verständnis für die Situation der Eltern und des Geschwisterkindes und lassen keine Wut darüber zu, dass sie sich vernachlässigt fühlen. Denn es sei keiner daran Schuld.

Kinder werden auch dann schnell leise und treten in den Hintergrund, wenn Eltern sich trennen und im Streit bleiben. Bei Kindern, die mit beiden Elternteilen Kontakt haben, aber die Eltern nicht oder kaum noch miteinander, kann die Angst entstehen, ebenfalls die Liebe der Eltern zu verlieren. Ein Loyalitätskonflikt entsteht bei Kindern, wenn sie die Eltern beide gleichwertig lieben (was der Normalfall ist) und Zeit mit ihnen verbringen möchten, aber die Eltern den jeweils anderen abwerten. Dann neigen Kinder dazu, zur gerade jeweils passenden Seite halten zu wollen, obwohl ihnen das innerlich widerstrebt. Sie stimmen der Mutter zu, wenn sie über den Vater lästert und andersherum. Auch das ist eine Form davon, die eigenen Bedürfnisse nicht mehr wahrnehmen zu dürfen, um die Loyalitäten zu wahren. Fehlt ein Elternteil gänzlich oder geht verloren, neigen sie dazu, diese Rolle einnehmen zu wollen. Dann spricht man von Parentifizierung, also einer Rollenumkehr zwischen Kindern und Eltern. Kinder fangen an, sich zu kümmern, Verantwortung zu übernehmen.

Vereinfacht ausgedrückt bedeutet das, dass Kinder reagieren, wenn sie das Gleichgewicht des Familiensystems in Gefahr sehen. Sie springen automatisch in die frei werdenden Lücken oder versuchen durch ihr eigenes Verhalten Balance herzustellen. Über Glaubenssätze, Loyalitäten und das Phänomen der Parentifizierung werde ich in den folgenden Kapiteln näher eingehen.

Einen besonders dramatischen Fall habe ich im Rahmen meiner Arbeit bei der Jugendhilfe erlebt. Betreut haben wir eine alleinerziehende Mutter von vier relativ kleinen Kindern von verschiedenen Vätern, die in einem desolaten Zustand gehaust haben. In den Kinderzimmern gab es keine richtigen Matratzen, der Hund hat überall sein Geschäft erledigt und der Müll hat sich gestapelt. Da die Mutter selbst psychisch krank war, konnten die Kinder kaum gefördert werden und lagen in ihrer geistigen Entwicklung zurück. Zu Recht hat das Jugendamt uns beauftragt, diesen Fall engmaschig zu begleiten und festzustellen, ob die Kinder bei der Mutter bleiben können. Wenn gemeinsame Termine im Jugendamt anstanden, hat die Mutter meist alle Kinder mitgebracht, da sie keine anderweitige Betreuung hatte. Bei diesen Terminen ist mir besonders aufgefallen, dass die Kinder in den, zum Teil zweistündigen Gesprächen, in denen nur gesprochen wurde, extrem ruhig waren und still gehalten haben. Sie haben gemalt, geschlafen oder einfach nur dabei gesessen. Sie haben sich nicht gegenseitig geärgert, sind nicht aufgestanden oder unter den Tisch geklettert. Das, was ich von zwei bis fünfjährigen Kindern erwarten würde. Die Mitarbeiter*innen vom Jugendamt waren immer wieder begeistert und haben das Verhalten entsprechend gelobt. Auch im Kindergarten und der Vorschule wurde das brave Verhalten der Kinder und die Mühe, die sie sich geben, hervorgehoben. Für die Betreuerinnen passte das, was die Kinder außerhalb zeigten, nicht zu dem, was wir ihnen aus ihrem Zuhause berichteten.

Meine Hypothese zu diesen vermeintlich braven Kindern war, dass sie gespürt haben, dass sie zum Zusammenbleiben der Familie etwas beitragen können. Sie haben sich mit ihren eigenen Bedürfnissen stark zurückgenommen und Dinge geleistet, die nicht zu ihrem Alter gepasst haben. Welche Auswirkungen dies auf ihr späteres Leben haben wird, lässt sich nur erahnen.

Es kommt vor, dass sich das Verhalten des „People Pleasers“ erst zu einem späteren Zeitpunkt im Leben entwickelt. Wenn sich beispielsweise in einer Partnerschaft eine ungünstige

Dynamik entwickelt, in der eine Person hauptsächlich fordert und die andere mehr gibt, um Konflikten aus dem Weg zu gehen oder die Liebe nicht zu verlieren. Wobei auch dies auf fruchtbaren Boden fallen muss und in der Regel Rollenmuster und Glaubenssätze bedient, die schon da sind.

Ulrike Bossmann beschreibt in ihrem Buch „People Pleasing“ vier Verhaltenstendenzen, die ganz typisch sind für Menschen, die zum People Pleasing neigen:

- » die *Überanpassung* an die Erwartung anderer
- » die *Überkompensation*: es wird nach Perfektion gestrebt
- » die *Selbstaufopferung*: die Bedürfnisse anderer werden immer wichtiger, die eigenen unwichtiger
- » die *Auflösung*: die eigenen Merkmale und Ziele werden immer kleiner und weniger spürbar

Einige Methoden, die in späteren Kapiteln vorgestellt werden, können dabei helfen, People-Pleasing-Tendenzen aufzuspüren und zu verringern.

Parentifizierung

Viele Menschen, die People Pleaser sind, haben in ihrer Kindheit Formen der Parentifizierung erlebt. Die Wortherkunft ist einfach herzuleiten – Parentes: die Eltern und facere:

machen. Jemand wird zum Elternteil gemacht, im Sinne einer Rollenumkehr. Diesen Begriff haben Böszörményi-Nagy und Spark (1973) geprägt.

Kinder, die Erfahrungen mit Parentifizierung gemacht haben, haben oftmals Schwierigkeiten damit, den Fokus auf sich selbst zu legen.

Die Parentifizierung passiert in der Regel unbewusst und ohne böse Absicht aus einer Lebenssituation heraus. Kinder übernehmen zu früh zu viel Verantwortung. In der Regel sind alle Familienmitglieder, also auch Kinder, wie schon beschrieben, daran interessiert, dass das Familiensystem nicht nur bestehen bleibt, sondern in Harmonie und Balance bleibt. In der systemischen Therapie beschreibt das Konzept der Homöostase, dass Familien das Bestreben haben, ein Gleichgewicht beziehungsweise Stabilität aufrechtzuerhalten, indem sie auf Veränderungen reagieren und ihr Verhalten entsprechend anpassen. Alle Familienmitglieder müssen ihre Interaktionen so organisieren, dass sie ein stabiles Gleichgewicht erhalten, um die Herausforderungen zu bewältigen, mit denen sie konfrontiert sind.

Konkret bedeutet das, dass Kinder Verantwortung für die emotionalen oder praktischen Bedürfnisse ihrer Eltern übernehmen. Ihnen fehlt somit nicht nur Zeit für ihre eigenen, kindlichen Interessen, sondern die Fürsorge und Sicherheit durch die Bezugspersonen.

Bei der Parentifizierung werden verschiedene Arten unterschieden.

Die *konstruktive Parentifizierung* ist die, die entwicklungsfördernd für Kinder ist, da sie Aufgaben übernehmen, denen sie gewachsen sind und an denen sie selbst wachsen können. Das fördert ihre Kompetenzen, Autonomieentwicklung und ihr Selbstvertrauen. Das können zum Beispiel einfache Aufgaben im Haushalt sein. Insbesondere junge Kinder sollten dabei die Entscheidungsfreiheit haben, etwas nicht tun zu müssen, wenn sie nicht möchten.

Die *destruktive Parentifizierung* hingegen beschreibt den Zustand, in dem Kinder ihre eigenen Bedürfnisse für die der Eltern aufopfern. Die kindlichen Bedürfnisse nach Fürsorge, Aufmerksamkeit und Sicherheit finden zu wenig Platz. Kinder passen sich dadurch an und verlieren das Gefühl für sich selbst.

Die destruktive Parentifizierung teilt sich in zwei Unterformen:

Bei der Form der *emotionalen Parentifizierung* übernehmen Kinder die emotionale Versorgung ihrer Eltern. Dies kann bedeuten, dass Kinder dazu ermutigt werden, elterliche Sorgen und Probleme zu verstehen, zu trösten oder sie entsprechend zu unterstützen. Kinder übernehmen die Verantwortung dafür, den Kummer der Eltern oder des Elternteils zu lindern oder vermitteln zwischen ihnen. Eltern teilen Details aus ihrem Leben, die die Kinder noch nicht einordnen können. Nach Schicksalsschlägen, Scheidung oder psychischen oder körperlichen Erkrankungen der Eltern ist dies häufig zu beobachten.

Bei der Form der *instrumentellen Parentifizierung* übernehmen Kinder Verantwortung für praktische Teile des familiären Zusammenlebens. Dazu gehören Aufgaben wie Kochen, Putzen, Einkaufen oder die Betreuung jüngerer Geschwister. Kinder, die instrumentell parentifiziert werden, können Schwierigkeiten haben, Autonomie zu entwickeln und Bedürfnisse zu äußern, da ihre Energie und Zeit für die Versorgung der Familie aufgewendet werden.

Diese Formen können zusammen vorkommen. Auch hier ist mir wichtig zu erwähnen, dass es einen Graubereich zwischen Parentifizierung und Nicht-Parentifizierung gibt. Viele Menschen erleben Teile oder Ansätze von Parentifizierung, manche nur über eine kurze Phase hinweg. Entscheidend ist, wie die Situation empfunden wurde und ob es einen negativen Einfluss auf das spätere Leben hat.

Prinzipiell kann die Parentifizierung schon vor der Geburt beginnen. Werden Kinder aus einem Defizit heraus gezeugt, kann das eine Rollenumkehr zur Folge haben. Möchte ein Paar seine Beziehung mit Hilfe eines gemeinsamen Kindes retten oder eine werdende Mutter endlich das Gefühl einer heilen Familie erfahren, kommen Kinder mit einem belastenden oder überfordernden Auftrag zur Welt. Es kann unendlich viele Aufträge geben, in die Kinder hineingeboren werden, die auch angemessen sein können und das Kind fördern. An jeden Auftrag ist eine gewisse Erwartung geknüpft. Ist der Auftrag kaum erfüllbar und hat das Kind nicht die Möglichkeit, diesen abzuweisen, kann das für das weitere Leben des Kindes schädigend sein.

Werden Kinder nach einer Trennung oder dem Verlust eines Elternteils zum Partnerersatz, bekommen sie einerseits eine wichtige Rolle im Familiensystem, die sie stolz macht („Jetzt bin ich der Mann im Haus!“), aber auch eine, die ihren Bedürfnissen überhaupt nicht gerecht wird. Sie binden sich auf eine ungesunde Art und Weise an ihr Elternteil, sollen zugleich trösten und liebevoller Partner sein, sich um den gemeinsamen Haushalt kümmern und bekommen Schuldgefühle, sobald sie ihre Aufgaben vernachlässigen. Zu früh entwickeln sie ein großes Verantwortungsbewusstsein und denken für ihr Elternteil mit. Resultat dieser Rollenumkehr kann eine ungesund enge Bindung bis ins hohe Alter sein oder eine Ablösung, die nur durch große Distanz oder einen Kontaktabbruch gelingt. Auch die eigenen Beziehungen im Erwachsenenalter sind davon geprägt. Es kann dadurch schwer fallen, sich eng an einen zukünftigen Partner zu binden, aus Angst, dass sich das Muster wiederholt. Oder aber es wird eine sehr enge Bindung gesucht, in der die Bedürfnisse des Partners im Vordergrund stehen.

Wer diese Form der Rollenumkehr erlebt hat, kann eine starke Tendenz haben, sich nur mit massiven Schuldgefühlen um seine eigenen Bedürfnisse kümmern zu können. Es gab keine Gelegenheit zu lernen, den Fokus auf sich selbst zu legen.

Manchmal wiederholen sich Muster in Familien über mehrere Generationen und führen dadurch immer wieder zu einer Rollenumkehr. Wenn Eltern ihr Kind nicht ausreichend (emotional) versorgen können, ist die Wahrscheinlichkeit hoch, dass sie selbst traumatische Erlebnisse hatten und/oder als Kind selbst nicht emotional versorgt wurden. Auch nicht erfüllte Aufträge der vorherigen Generation können an die nächste weitergegeben werden. Dies kann sowohl dazu führen, dass destruktive Muster wiederholt werden oder immer wieder bestimmte Gefühle auslösen. Wer zum Beispiel den inneren Drang hat, für Gerechtigkeit sorgen zu müssen oder der Glaubenssatz, dass Erfolg alles ist, was zählt, trägt womöglich alte Glaubenssätze in sich.

FALLBEISPIEL

Seit sie ein Kind war, war Ankes größter Wunsch, eine Familie zu gründen. Sie wollte viele Kinder, einen liebenden Ehemann, am liebsten auf einem großen Hof mit Tieren. Sie wollte sich kümmern. Nun hatte sie inzwischen zwei Kinder von zwei verschiedenen Männern, die sie beide verlassen haben. Einen Hof und Tiere kann sich Anke bei all der Überforderung nicht mehr vorstellen. Sie hatte nicht viel, über das sie sich freuen konnte und empfand ihre Kinder nur noch als Last. Deshalb kam sie zu mir.

Ankes Mutter hatte eine Affäre, von der sie sich mehr erhoffte. Sie wurde schwanger, da sie die Pille ohne das Wissen von Ankes Vater abgesetzt hatte. In der Hoffnung, ihn mit einem gemeinsamen Kind an sich binden zu können. Ankes Vater fühlte sich hintergangen und war überfordert mit der Situation. Er hat sich noch vor der Geburt von Anke aus dem Staub gemacht.

Nach Anke kamen noch zwei Geschwister aus einer Ehe, die die Mutter eingegangen war. Doch bevor die Mutter Ankes Stiefvater kennenlernte, waren sie sechs Jahre nur zu zweit. Die alleinerziehende Mutter musste arbeiten gehen, weshalb Anke sich schon in der Grundschule selbst um ihr Mittagessen gekümmert und im Haushalt geholfen hat. Zu den Großeltern gab es keinen guten Kontakt und weitere Hilfen wurden nicht installiert. „Wir schaffen das schon, wir sind doch ein tolles Team!", sagte die Mutter oft. Ankes Mutter trug, genau wie Anke, die Sehnsucht nach einer heilen Familie in sich, da sie selbst ohne Vater und mit einer alkoholkranken Mutter aufgewachsen war. Dass der Traum der heilen Familie gescheitert war, bevor er überhaupt begonnen hatte, machte die Mutter unglücklich, was Anke spüren konnte. Sie versuchte alles, um es der Mutter leichter zu machen. Sie schrieb gute Noten, geriet möglichst nicht in Konflikte und versuchte, gute Laune zu verbreiten. Zudem war sie sehr stolz darauf, eine so wichtige Rolle an der Seite der Mutter zu haben.

Als die Mutter ihren zukünftigen Ehemann und den Stiefvater von Anke kennenlernte, kurze Zeit später schwanger wurde und heiratete, brach für Anke eine Welt zusammen. Die Mutter war hingegen überglücklich. Endlich war der Traum der heilen Familie in greifbarer Nähe. Anke hatte das Gefühl, versagt zu haben. Sie konnte ihre Mutter nicht so glücklich machen, wie ihr Halbbruder, der noch nicht mal auf der Welt war. Über die Jahre musste sie mit ansehen, wie ihre Halbgeschwister mit Mutter und Vater aufwachsen. In der heilen Familie, die sie nie haben würde. Sie hat sich als Außenseiterin gefühlt und hat trotz ihrer Versuche, für ihre Mutter da zu sein und keinen Ärger zu machen, nie wieder die gleiche Aufmerksamkeit bekommen wie als Kind. Der Wunsch nach einer eigenen Familie wuchs in Anke damals schon.

Am Beispiel von Anke wird sichtbar, dass mehrere Formen der Parentifizierung bei ihr passiert sind. Sie hat emotionale und instrumentelle Parentifizierung erlebt, war sowohl Partnerersatz, als auch Opfer eines mehrgenerationalen Teufelskreises. Ihre eigenen Bedürfnisse musste Anke seit ihrer Geburt zurückstellen. Sie hat den Wunsch einer heilen Familie weitergetragen und ist daran gescheitert. Sie hat sich auf dem Weg dahin zu spät gefragt, was sie möchte und es fällt ihr schwer, sich selbst kennenzulernen oder zu verwirklichen. So wie sie selbst, sind ihre Kinder mit dem Auftrag geboren, etwas besser zu machen und für eine heile Familie zu sorgen. Zweimal ist dies gescheitert.

Anke war aber mutig genug, sich ihrer Familiengeschichte zu stellen und sich damit zu befassen, welche Verstrickungen schon in ihrer Großelterngeneration entstanden sind. Vielleicht noch früher. Das zu verstehen, dann eigene Muster zu lösen, kann verhindern, dass ihre Kinder, als die nächste Generation, wieder in die gleiche Falle tappen.

Nicht immer ist die Parentifizierung so deutlich sichtbar, wie bei Anke. Doch ist es gut möglich, dass Menschen, die den Fokus nur mit schlechtem Gewissen auf sich selbst legen können, eine Form der Parentifizierung erlebt haben.

Wer beispielsweise ein Elternteil hat, dass permanent ein schlechtes Gewissen erzeugt, weil man sich als (erwachsenes) Kind zu selten meldet, zu wenig Zeit mit ihm oder ihr verbringt oder zu wenig vom eigenen Leben teilt, darf sich fragen, welchen Auftrag dieses Elternteil gibt oder gegeben hat. Und in welchem Ausmaß man diesen erfüllen möchte.

Wenn Eltern eine ziemlich genaue Vorstellung vom Lebensweg der Kinder haben, können sich die Kinder schwer damit tun, dem zu widersprechen und ihren eigenen Bedürfnissen Raum zu geben. Sei es, weil Kinder etwas fortführen sollen (zum Beispiel ein Familienunternehmen) oder weil es das Kind mal besser haben soll, als die Eltern. Das kann bei Eltern geschehen, die mit geringen finanziellen Mitteln groß geworden sind oder in Flüchtlingsfamilien. Wenn die Kinder „es mal besser haben sollen“, bekommen sie häufig den Auftrag, ihre Möglichkeiten auszuschöpfen, erfolgreich zu werden, um sich, in so manchen Fällen, um ihre Eltern kümmern zu können. In anderen Fällen machen Eltern den Erfolg ihrer Kinder zu ihren eigenen Erfolgen. Oft zu sehen bei sehr erfolgreichen Sportler*innen oder Künstler*innen, die Eltern im Hintergrund haben, die den Erfolg der Kinder schon früh forciert und gefördert haben. Dabei ist auch hier im Einzelfall zu betrachten, wann ein Kind Schaden davonträgt und wann sich diese Dynamik in den Augen der Kinder gelohnt hat. Ein erfolgreicher Sportler zu sein oder ein Familienunternehmen zu übernehmen, hat nicht nur Nachteile. Wenn aber die Aufmerksamkeit und Liebe der Eltern an die Leistung der Kinder geknüpft ist, können sehr ungünstige Glaubenssätze entstehen. Leistungsdruck und Perfektionismus können dafür sorgen, dass die eigenen Bedürfnisse in den Hintergrund rücken und ständig nach etwas gestrebt wird, das möglicherweise nie erreicht wird.

Eine weitere Auswirkung einer frühen Übernahme von Verantwortung kann die (ungefragte) Verantwortungsübernahme im Erwachsenenalter sein. Wer früh gelernt hat, für eine andere Person oder ihre Gefühle verantwortlich zu sein, kann dazu neigen, dies als erwachsene Person ebenfalls zu tun. Das kann alltägliche Dinge betreffen oder ganze Beziehungsstrukturen in Partnerschaften und Freundschaften.

Dabei kann das unbewusste Gefühl entstehen, sich „immer kümmern zu müssen“ oder, dass die anderen es ohne einen nicht hinbekommen. Wird das Bestreben und die Anstrengung nicht gewürdigt, kann eine Kränkung entstehen. Obwohl die andere Person in der Regel nicht um Verantwortungsübernahme gebeten hat.

So entsteht bei der Person, die Verantwortung übernimmt, das Gefühl, den Fokus nicht auf sich selbst, sondern auf andere legen zu müssen.

Wie Glaubenssätze uns beeinflussen

Glaubenssätze trägt jeder von uns in sich. Manche sind lauter, andere leiser, manche ständig präsent, andere nur in bestimmten Situationen. Sie können Annahmen über die eigene Person, über Andere oder die Umgebung sein. Was sie immer sind, sind Sätze, die wir glauben. Ganz unabhängig vom Wahrheitsgehalt. Viele davon sind Sätze, die wir von unserem Umfeld immer wieder gehört haben und zu unseren Annahmen gemacht haben. Wieder andere haben wir uns selbst ausgedacht oder aus dem zusammengebastelt, was wir glauben, was von uns erwartet wird. Sie prägen uns im Alltag und sind wie eine Brille, durch die wir hindurchsehen.

Um Glaubenssätze überhaupt zu erkennen, hilft Selbstreflexion und auch Mut, sich diese anzusehen. Dennoch bleiben einige verborgen, da sie so sehr mit uns verschmolzen sind, dass sie kaum als Glaubenssatz erkennbar sind.

Was meinen Klient*innen oft nützt, ist eine Umkehr der Perspektive. Wenn sie sich vorstellen, sie wären mit anderen Eltern aufgewachsen, oder in einem anderen Land und Kulturkreis. Wären ihre Glaubenssätze dann die Gleichen? Wohl kaum, obwohl sie die selben Menschen wären. Das heißt, sie sind grundsätzlich austauschbar und haben nichts persönlich mit einem zu tun. Dennoch sind sie Teil der eigenen Geschichte und des Selbst. Im Idealfall könnten wir die behalten, die uns gut tun, wie zum Beispiel „Wenn ich mich anstrenge, erreiche ich meine Ziele" und die ablegen, die uns schaden oder hindern, wie „Ich bin nur liebenswert, wenn ich viel leiste".

Welche Glaubenssätze sind es, die es schwer machen, den Fokus auf die eigene Person zu legen? Meist sind es die, die die eigenen Bedürfnisse klein machen, verhindern, Grenzen zu setzen und sich Raum zu nehmen. „Denk doch mal an xy, anstatt immer nur an dich", „Stell dich nicht so an, es ist doch nicht so schlimm" und der Klassiker: „Die Welt dreht sich nicht nur um dich".

So, wie Eltern auf uns reagieren, nehmen wir uns selbst und die Welt wahr, es bleibt uns zunächst nichts anderes übrig. Wer Bedürfnisse oder Gefühle äußert und eine Antwort bekommt, die beschämend ist, der wird sich in Zukunft mehr zurückhalten. Die Resonanz auf ein authentisches Verhalten ist entscheidend. Kinder beobachten ihre Eltern genau und wenn diese Wünsche oder Gefühle durch Blicke, Taten oder

Worte missbilligen, dann entsteht ein Filter. Es entsteht das Gefühl, sich mit dem ganzen Sein nicht zumuten zu können und eine Verhaltensänderung beginnt. Was nicht per se schlecht ist. Kinder müssen lernen, sich in der Welt mit all ihren sozialen Regeln zurechtzufinden. Es ist hilfreich zu lernen, dass ein Wutanfall im Supermarkt ab einem gewissen Alter nicht nur die Eltern in eine unangenehme Situation bringt, sondern womöglich alle Anwesenden und einen selbst, was zu Scham führen kann. Zu lernen, anderen nichts aus der Hand zu reißen oder ihnen körperlichen Schaden zuzufügen ist wichtig und gut. Zu lernen, dass ein Bedürfnis nach Geborgenheit „zu viel" ist, ein Freudenschrei „zu laut" ist oder die Trauer „zu lange" dauert, kann sich auf die psychische Gesundheit auswirken.

FALLBEISPIEL

Meine Klientin Maria fand den Weg zu mir, da sie ihr Essen reglementierte und sich keine Ausnahmen im Essverhalten gönnen konnte. Ihr Wunsch war es, etwas zuzunehmen, da sie einen immer größer werdenden Kinderwunsch hatte und es bisher nicht klappen wollte. Sie war eine kleine, zierliche Person, in einem sicheren Beruf, verheiratet und mit wenigen, aber engen Freundinnen.

Die Glaubenssätze, die in ihr immer wieder aufkamen, waren „Ich kann nichts" und „Ich bin nicht richtig". Relativ schnell wurde deutlich, was das Essverhalten mit diesen Glaubens-

sätzen zu tun hatte. Die Disziplin beim (Nicht-)Essen brachte ihr das Gefühl, etwas zu können. Schlank zu sein, gab ihr wiederum das Gefühl, richtig zu sein. Dies stand also im direkten Zusammenhang mit ihren Glaubenssätzen. Auf der Suche danach, wie die Glaubenssätze entstanden sind, haben wir uns ihre Familiengeschichte genauer angesehen. Schon als Kind wurde Maria oft übersehen und ihre Gefühle wurden ihr abgesprochen. Die Eltern haben sich fast ihre ganze Kindheit lang heftig miteinander gestritten, während sie im Bett lag und weinte. Wurde das bemerkt, bekam sie Ärger. Sie solle nicht „so emotional sein" und das sei „nicht ihr Problem". Die Eltern haben sich schließlich getrennt und Maria ist nach der Trennung bei der Mutter geblieben und hat diese getröstet. Das gab ihr eine wichtige Rolle im Familiensystem, aber überforderte sie auch stark. Um positive Aufmerksamkeit der Mutter zu erlangen, hat sie versucht, besonders hilfsbereit zu sein und keinen weiteren Ärger zu machen.

Damit wurde sie im Laufe ihres Erwachsenwerdens immer leiser und gefälliger. Mir fiel das zu Beginn der ersten Beratung an ihrer leisen Stimme auf und daran, dass sie fast jeden Satz so beendete, als sei er eine Frage.

Sie hat gelernt, dass Grenzsetzungen mit Entzug von Aufmerksamkeit bestraft werden und Anpassung und Hilfsbereitschaft sich lohnen, um gesehen und geliebt zu werden. Auch wenig zu essen und besonders schlank zu sein, konnte dazu beigetragen, da die Mutter viel Wert auf Äußeres legte und es ihr immer wichtig war, eine vorzeigbare (also in ihren Augen schlanke) Tochter zu haben.

Um sich selbst und ihren Bedürfnissen mehr Raum zu geben, entwickelte Maria das Gefühl, dass es helfen könnte, sich von den Eltern abzugrenzen. Sie wusste aber nicht, wie ihr das gelingen konnte. Da sie im Laufe ihrer Kindheit nicht gelernt hatte, ihre Bedürfnisse ernst nehmen zu dürfen und verständlich zu äußern, probierte sie es immer wieder mit Kontaktabbrüchen auf Zeit. Es ging für sie nur ganz oder gar nicht, da sie keinen sanften Weg der Grenzsetzung kannte. Um den direkten Konflikt zu vermeiden, hat sie den Eltern lange Briefe geschrieben, in denen sie genau erklärt hat, warum sie keinen Kontakt will und wie lange das andauern solle. Sie wollte vermeiden, dass jemand verletzt wird, und dennoch begleitete Maria ein sehr schlechtes Gewissen dabei. Ihre Eltern haben den Wunsch nach einer Kontaktpause nicht ernst genommen, sie immer wieder ungefragt besucht oder angerufen, als wäre nichts gewesen. Zudem wurde ihr der Vorwurf gemacht, die eh schon so kaputte Familie noch kaputter zu machen. Ihre Glaubenssätze wurden wieder bestätigt und damit gefestigt. Sie hat sich völlig machtlos gefühlt und sich dem Schicksal, keine Handhabe zu haben, immer wieder hingegeben.

An Marias Beispiel wird sichtbar, dass es nicht nur Glaubenssätze sind, die sie davon abhalten sich abzugrenzen. Die familiäre Dynamik trägt stark dazu bei, dass sie sich ständig schlecht fühlt, wenn sie versucht, sich Raum zu schaffen.

Meist entstehen Glaubenssätze wie diese in der Familie. Manchmal entstehen sie auch erst später in der Schulzeit, einer Beziehung oder in Arbeitssituationen. Wer von Lehrer*innen oder von Chef*innen beschämt wird, wird sich genauso fragen, was es mit der eigenen Person zu tun hat, als wenn es die Eltern gesagt hätten. Im günstigsten Fall wurden bis dahin stärkende Ressourcen und Glaubenssätze über das eigene Ich entwickelt, die den Beschämungen der Umwelt standhalten und uns wie einen Schutzmantel umgeben. Oftmals bauen sich die Glaubenssätze im Laufe der Zeit auf, da wir die Erwartung entwickeln, dass sie sich bestätigen und den Fokus darauf legen. Es kommt vor, dass wir gezielt Situationen oder Beziehungen suchen, in denen sich unsere schon vorhandenen Glaubenssätze bestätigen. Das kann ein vertrautes Gefühl geben, jedoch festigen sich die Glaubenssätze so immer mehr.

Angst vor Veränderung durch Loyalitäten

Glaubenssätze, mit denen wir aufgewachsen sind und Loyalitäten im Familiensystem gehören oft zueinander. Den Begriff der Loyalität kennen wir alle, verbinden ihn in der Regel mit Freundschaften, der Familie oder Arbeitsbeziehungen. Wer loyal ist, der hat eine gewisse Treue und Verbundenheit einer Person oder Gruppe gegenüber. Auch wenn etwas passiert oder getan wird, was nicht mit unseren Werten übereinstimmt, können wir loyal bleiben. Loyalität in Freundschaften kann beispielsweise bedeuten, dass der beste Freund in seiner Beziehung fremdgeht und wir ihn decken oder sogar für ihn lügen, obwohl das selbst nicht zu unseren Grundwerten passt. In einer Arbeitsbeziehung wäre denkbar, dass ein Kollege sich heimlich am Firmengeld bereichert und wir ihn beim Chef melden. Aus Loyalität der Firma oder dem Chef gegenüber. Diese Form der Loyalität kann innere Gewissenskonflikte herbeirufen. Wir kommen in einen Konflikt mit unseren eigenen Regeln und Werten. Können aber entscheiden, was wir tun. Für wen entscheiden wir uns? Wer ist vielleicht schon länger an unserer Seite? Welchen Nutzen ziehen wir aus welchem Verhalten?

Diese Entscheidungen sind meist geprägt von der ersten Loyalität, die wir im Leben haben: der unseren Eltern gegenüber.

Die Loyalität innerhalb eines Familienverbundes entsteht mit der Geburt. Sie verhält sich anders als in Freundschaften, da sie einfach gegeben ist und nicht über die Zeit gewachsen ist. Selbst Kinder, die von ihren Eltern nichts weiter als die Geburt bekommen haben, spüren diese Verbundenheit und Treue den Eltern gegenüber. Wenn diese Verbundenheit auf Liebe beruht und im Gleichgewicht ist, haben die Kinder idealerweise das Gefühl, eine gewisse Freiheit innerhalb der Regeln und Werte des Familiensystems zu haben. Das heißt, diese Nachkommen können sich an dem orientieren, was gegeben ist, aber haben die Freiheit, eigene Entscheidungen zu treffen, neue Verbindung einzugehen und es anders zu machen, als bisher.

Betrachtet an einem sehr einfachen Beispiel, wäre das eine Familie, in der alle männlichen Personen seit vielen Generationen studierte und stolze Mediziner sind. Nun kommt ein Sohn auf die Welt, bei dem sich früh abzeichnet, dass er sich überhaupt nicht für den menschlichen Körper oder gute Noten interessiert. Was ihn interessiert, ist Kunst. Wie geht ein Familiensystem damit um? Lässt es die Freiheit eine Tradition zu brechen und unterstützt diesen Weg sogar oder besteht es durch Druck und Verbote darauf, dass das weitergeführt wird, was bisher bestand?

Wer in einer Familie groß wird, in der starre Regeln herrschen und eine Ablösung schwierig ist, muss mit viel Gegenwind rechnen, wenn die Regeln nicht befolgt werden oder Kritik am System geäußert wird. Was für die meisten aber die größte und oft unbewusste Sorge ist: aus dem Familienverbund ausgeschlossen zu werden. Diese Angst ist eine existentielle, tief verankerte Angst. Für Kinder ist sie absolut nachvollziehbar, da sie ihr Leben in Gefahr ist, wenn sie auf sich allein gestellt wären. Nun gibt es heutzutage die Jugendhilfe, die sich diesen Fällen annehmen würde. Doch das würde nur den rationalen Teil des Problems versorgen. Die Urangst bleibt. Und diese bleibt uns oft bis ins hohe Alter oder sogar unser ganzes Leben erhalten. Selbst wenn unsere Eltern nicht mehr leben, folgen wir oft ihren Regeln.

FALLBEISPIEL

Die Klientin Frau F. kam verzweifelt in die Beratung, da sie nun endlich etwas gegen ihre chronifizierte Magersucht tun wollte. Sie war Ende 40 und habe die Essstörung in ihrer Jugend entwickelt. Seither begleite sie das Thema, Tag ein, Tag aus. Ich sah an ihren eingefallenen Wangenknochen und tiefen Falten deutlich, wie anstrengend diese Jahre gewesen sein müssen. Sie war durch die enge Beziehung zu ihrer Essstörung nie eine romantische Beziehung eingegangen, hatte keine Kinder und auch im Job nicht richtig Fuß gefasst. All das bedauerte sie sehr. Im Laufe der Jahre hatte sie ein paar Versuche gewagt, in eine ambulante Psychotherapie zu gehen, diese seien aber immer wieder nach kurzer Zeit gescheitert. Ich habe sie nach den Anfängen der Essstörung gefragt und sie erzählte, dass sie sich in der Jugend von ihren strengen Eltern ablösen wollte. Die Eltern hätten sie als Person nicht richtig ernst genommen, ihr gesagt, was sie zu tun und zu lassen habe und Entscheidungen ständig abgenommen. Andererseits haben sie von ihr gefordert, selbstständig zu werden und sich eine ordentliche Ausbildung zu suchen. Durch das Hungern hat Frau K. versucht, Widerstand zu leisten und auf ihre Not aufmerksam zu machen. Jedoch haben die Eltern immer so getan, als gäbe es kein ernstzunehmendes Problem, obwohl ihre Tochter sich mit ihrem Gewicht in einem lebensbedrohlichen Bereich bewegte. Dabei wollte Frau K. so dringend gesehen und ernst genommen werden. Selbstreflektiert war Frau K., nur konnte sie keine andere Strategie für sich entwickeln, als das Hungern. Ich habe sie gefragt, was sie bisher versuchte, um ihre eigene Situation zu verbessern. Da brach sie in Tränen aus und erzählte, dass sich in 30 Jahren nichts verändert habe. Ihre Eltern kämen ständig, auch ungefragt, bei ihr vorbei, sagten ihr, was sie zu tun hätte und dass sie doch endlich zunehmen solle. Ich war überrascht. Damit, dass ihre Eltern immer noch ein so präsenter Teil ihres Lebens waren, hatte ich nicht gerechnet. Frau K. war nie aus der Rolle des Kindes herausgekommen, die Eltern haben sich nie aus ihrer Rolle der grenzüberschreitenden Sorgeberechtigten bewegt. So konnte Frau K. sich nicht aus den Verstrickungen im Familiensystem lösen und war darüber sehr unglücklich. Von mir erhoffte sie sich ein paar Tipps, wie sie endlich zunehmen und sich von den Kommentaren der Eltern weniger beeinflussen lassen könnte. Diese konnte ich ihr auf die Schnelle nicht geben, ich habe ihr empfohlen, sich psychotherapeutisch behandeln zu lassen, am besten mit einem räumlichen Abstand zu den Eltern. Solche tiefsitzenden Verstrickungen lassen sich nicht mal eben lösen.

Hätte eine Person wie Frau K. versucht, sich aus der Dynamik im Familiensystem zu bewegen, hätte sie sehr enttäuschte Eltern aushalten oder befürchten müssen, aus der Familie ausgeschlossen zu werden. Sie wäre in einen Loyalitätskonflikt geraten.

Sie hat einen sehr hohen Preis bezahlt, um sich dem nicht auszusetzen. Offenbar war der Preis, sich der Enttäuschung der Eltern auszusetzen, höher als der, gesund zu werden und ein eigenes Leben zu führen.

Nicht unwahrscheinlich ist, dass im Falle von Frau K. und in unzähligen anderen Familien die Eltern nicht aus bösem Willen handeln, sondern aus ihrer eigenen Geschichte heraus. Wird ein Kind losgelassen und in die Welt geschickt, kann das so große Verlustängste auslösen, dass es lieber klein und damit nah im System gehalten wird. Das kann dadurch geschehen, dass dem Kind nichts zugetraut oder es unaufhörlich gepflegt wird. Die Verlustängste der Eltern sind in der Regel an einer anderen Stelle entstanden und haben wenig bis nichts mit dem Kind selbst zu tun. Die Kinder bekommen dennoch das Gefühl, für das Glück oder Unglück ihrer Eltern verantwortlich zu sein.

Verlässt ein Kind das Elternsystem, müssen sich Eltern wieder mehr mit sich und ihrer Beziehung zueinander beschäftigen. Haben die Eltern die manchmal verborgene und tiefe Sorge, dass die eigene Beziehung damit zu Bruch gehen könnte, und damit ein ganzer Lebensentwurf, würde das dadurch verhindert werden. Das spüren Kinder und erwachsene Kinder und dienen mit dem Nicht-erwachsen-werden der Aufrechterhaltung des Familiensystems. Das ist Loyalität, die einen sehr ungünstigen Einfluss auf das eigene Leben haben kann.

Jede*r von uns hat die Sorge in sich, das Familiensystem in zu große Unruhe zu bringen und möchte verhindern, ausgeschlossen zu werden. In manchen Familien wird ausgesprochen, was passiert, wenn jemand etwas tut, was nicht in die Familie passt, in anderen wird es nur angedeutet oder still weitergetragen.

Wie weit Loyalitäten im Familiensystem gehen können, kann man am Extrembeispiel des Ehrenmordes sehen. Der Ehrenmord wird begangen, wenn eine Verletzung von in der Familie geltenden Regeln stattfindet. Der Mord soll die vermeintlich entstandene Schande der Familie ausgleichen und die Ehre wiederherstellen. Diese extreme Form der Loyalität zeigt das Ausmaß, das dies annehmen kann.

Wenn sich eine Person sehr schwer damit tut, den Fokus auf sich selbst zu legen und sich Raum zu nehmen, was hat das mit Loyalitäten im System zu tun?

Die eigene Person und die Bedürfnisse ernst nehmen zu dürfen und diesen Raum zu geben, ist nicht in jeder Familie selbstverständlich. Unterschiedliche Hintergründe können dazu führen, dass wir uns nicht trauen, uns selbst wichtig zu nehmen und damit Loyalitätskonflikte einzugehen. Neben dem Fallbeispiel von Frau K. möchte ich das an drei Szenarien deutlich machen, in denen sich der ein oder andere vielleicht wiederfinden kann.

Mädchen müssen brav sein

Anna wurde von ihrem Vater schon als kleines Mädchen unterdrückt, einfach, weil Kinder, und vor allem Mädchen, in den Augen des Vaters nicht viel zu sagen hatten. Anna hat die Strategie gewählt, sich möglichst unsichtbar zu machen. Sie sucht sich als Erwachsene einen Mann, der ähnlich mit ihr umgeht. Sie werden Eltern und bekommen das Mädchen Mia. Die Mutter Anna bringt Mia schon früh bei, dass es von Vorteil ist, sich unsichtbar zu machen und still zu sein. Sie lebt es tagtäglich vor und Mia übernimmt dies. Mutter und Tochter gehen eine Art Pakt ein, gegen den Vater. Zusammen fühlen sie sich stärker und sicherer.

Dieses Verhalten entspricht jedoch nicht unbedingt Mias Persönlichkeit. Als sie älter wird, verspürt sie das Bedürfnis, sich anders zu verhalten. Sie versucht, sich gegen den Vater zu stellen und hinterfragt das Verhalten der Mutter. Wenn Mia das tut, dann hat sie das Gefühl, die Koalition mit der Mutter zu verlassen und diese schutzlos und dem Vater ausgeliefert, zurückzulassen. Sie würde dazu die Dynamik im Familiensystem aufdecken, die nicht gesund ist, aber bisher funktioniert hat. Mia müsste dazu nicht aktiv mit ihren Eltern sprechen. Dieses Gefühl könnte schon in ihr aufkommen, wenn sie sich bei der Arbeit gegen ihren Chef positioniert und Forderungen stellt. „Das macht man nicht", „Sei lieber ruhig, dann passiert auch nichts" oder „Mädchen müssen brav sein" sind Glaubenssätze, die in diesem Moment in Mia aufkommen könnten. All das würde sie in einen Loyalitätskonflikt bringen.

Ich darf kein eigenes Leben leben

Alexander wurde schon als kleiner Junge stets dafür gelobt, dass er so freundlich und höflich war. Ganz im Gegensatz zu seinem Bruder, der einige Jahre älter war und immer wieder Verweise aus der Schule mit nach Hause brachte. Für die alleinerziehende Mutter war dies sehr anstrengend und unverständlich. Sie war froh, dass der kleine Alexander keinen Ärger machte und wenig Ansprüche stellte.

Alexander war ein schüchternes Kind, das wenig Freunde hatte und viel Zeit mit der Mutter verbrachte. Auch wenn das nicht sehr spannend für ihn war, fühlte er sich so am sichersten und gebraucht. Sein Bruder war indes bereits ausgezogen. Er bekam das Gefühl, er sei alles, was die Mutter noch hatte. Er ging mit ihr einkaufen, kochte, aß mit ihr und schaute ihre Serien.

Doch auch bei Alexander stieg im Laufe der Zeit der Wunsch nach etwas Eigenem. Zeit mit Freunden zu verbringen, zum Studieren auszuziehen oder eine Freundin zu haben, waren für ihn lange Zeit weit entfernte Träume. Er kam in einen Konflikt – weiter für die Mutter da sein oder ein eigenes Leben leben? Schaute er sich nach Studiengängen in einer anderen Stadt um, kamen Sätze in ihm hoch wie „Du bist alles, was sie hat" und „Ohne dich kann sie nicht leben" oder „Sei nicht so selbstsüchtig". Auch er kam in einen Konflikt zwischen seinen Wünschen und seiner Loyalität der Mutter gegenüber.

Ich werde nur geliebt, wenn ich etwas für andere tue

Karin war gerade acht Jahre alt, als ihr Vater starb. Die Familie hatte vier Kinder, davon war eines körperlich stark beeinträchtigt. Von der Diagnose des Vaters bis zu seinem Tod sind nur ein paar Monate vergangen. Karins Mutter hatte keine Chance, sich darauf vorzubereiten und musste ihn zum Schluss pflegen. Als das älteste der vier Kinder, hat Karin schnell verstanden, dass sie der Mutter helfen kann. Es hat schleichend begonnen, aber sie hat immer mehr Aufgaben übernommen. Erst hat sie den Tisch gedeckt und an und zu ein Auge auf die kleinen Geschwister geworfen. Nach kurzer Zeit hat sie die Spülmaschine selbstständig ein- und ausgeräumt, den Hund gefüttert, die kleinen Geschwister fertig fürs Bett gemacht und der Mutter ein Bad eingelassen, als sie besonders gestresst war. Der Mutter fiel dieser Prozess nicht richtig auf, da sie selbst noch tief in ihrer Trauer hing und keine Idee hatte, wie das Leben weitergehen sollte. Sie war froh, dass Karin schon so groß war, um ihr Aufgaben abzunehmen. Da die Mutter noch stark mit sich beschäftigt war, hat sie Karin vor allem dann wahrgenommen und gelobt, wenn sie geholfen hat. Dann hat sie ihr gesagt, wie wertvoll ihre Hilfe ist, wie verlässlich sie ist und dass die Familie ohne sie verloren wäre. Wenn Karin einfach nur Kind war, hatte die Mutter keine emotionalen Kapazitäten für sie. So vergingen die Jahre und die Dynamik verfestigte sich in der Familie, es wurde zur Normalität, dass Karin eine Art Hilfsmutter wurde. In Karins erster romantischer Beziehung fiel auf, dass sie es kaum schaffte, nichts für ihren Partner zu tun. Sie kochte, putzte, hörte zu, machte Hobbies mit und es war ihr immer wichtig, dass es ihm gut geht. Sie hatte seine Bedürfnisse mehr im Blick als ihre, so wie es auch mit ihrer Mutter war. Sie hatte das Gefühl, dass alles auseinanderbrechen könnte, wenn sie sich nicht um andere kümmerte und wollte gebraucht werden. Sie konnte sich aus dieser Dynamik nicht lösen, da sie Teil ihrer Identität geworden war.

Sich der eigenen Geschichte und den Loyalitäten sowie der Rolle im Familiensystem bewusst zu werden, ist eine wichtige Voraussetzung, um in die eigene Verantwortung zu kommen. So wie bei den Glaubenssätzen, sind auch Loyalitätskonflikte wichtig für unsere Autonomieentwicklung. An diesen Konflikten können wir spüren, dass wir etwas anders machen wollen und können in die Verantwortung für unsere eigenen Gefühle und Bedürfnisse kommen. Aber wie kann das gelingen?

Bedürfnisse
Was ist das eigentlich?

Ein Bedürfnis ist ein Wunsch oder ein Verlangen nach etwas. Der Psychologe Abraham Maslow hat sich schon in den 1940ern mit dem Thema der Bedürfnisse auseinandergesetzt, da sie ein wichtiger Teil des menschlichen Seins sind. Die Bedürfnispyramide kennen die meisten von uns. Ein etwas flexibleres Modell ist die dynamische Bedürfnishierarchie.

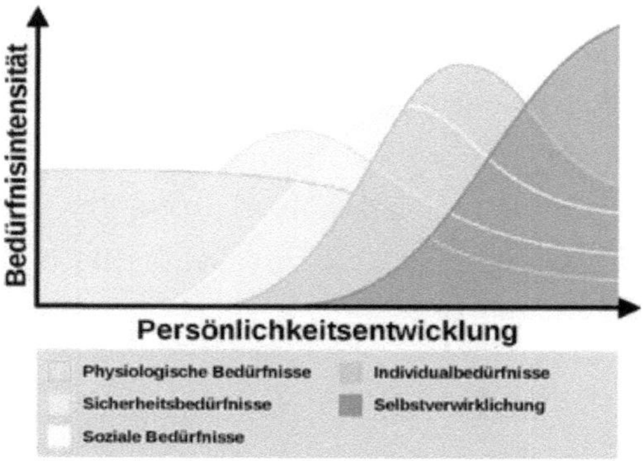

Dynamische Bedürfnishierarchie nach Abraham Maslow in Anlehnung an Krech, D./Crutchfield, R. S./Ballachey, E. L. (1962), Individual in society, Tokyo etc. 1962, S. 77

Darin wird sichtbar, dass sich Bedürfnisse im Laufe des Lebens verändern. Ein Baby hat nicht das Bedürfnis, sich selbst zu verwirklichen, sehr wohl aber körperliche Grundbedürfnisse

und ein Sicherheitsbedürfnis.
Im Laufe des Lebens kommen andere Bedürfnisse hinzu, was das Leben komplexer macht.

Die körperlichen Grundbedürfnisse kennen wir alle und fühlen sie täglich. Wenn nicht sogar andauernd. Durst, Hunger, auf die Toilette müssen, Müdigkeit usw. sind die Bedürfnisse, mit denen wir auf die Welt kommen. Werden diese zu Beginn unseres Lebens sehr unmittelbar gespürt und ausgedrückt, verändert sich dies im Laufe der Zeit. Wir brauchen nicht auf der Stelle etwas zu essen, wenn wir hungrig sind. Wir lernen, uns zu gedulden und zu regulieren, Bedürfnisse aufzuschieben. In vielen Fällen verlernen wir sogar die Signale des Körpers richtig zu deuten, da unser Kopf so häufig in die Bewertung geht. „Ich habe schon wieder Hunger. Oder nur Appetit? Darf ich schon wieder was essen?" „Ich muss schon wieder aufs Klo. Kann nicht sein? Ich war doch eben!" „Ich bin ganz schön kaputt, kann eigentlich nicht sein, ich habe doch genug geschlafen!"

Wir sagen diese und ähnliche Sätze nicht nur zu uns selbst, sondern auch zu Kindern oder Personen um uns herum. Kinder haben hervorragende Fähigkeiten, ihre Bedürfnisse zu spüren und zu äußern. Wenn wir das als Erwachsene ständig bewerten und in unsere eigene Norm pressen mit Sätzen wie: „Eine zweite Portion ist zu viel, du kannst doch gar nicht so viel Hunger haben!", dann macht das etwas mit Kindern. Sie verlernen nach und nach ihrem eigenen Gefühl zu trauen.

So ist es auch bei Bedürfnissen, die unsere mentale Gesundheit betreffen. Jede*r von uns wächst anders auf und hat eine andere Persönlichkeitsstruktur.

Manche sind von Beginn an lauter und auffallender, andere eher zurückhaltend und beobachtend. Dennoch haben wir alle das Bedürfnis, unversehrt zu bleiben und gesehen zu werden. Wir möchten bestimmen, wie nah uns jemand kommt, auch emotional. Die Fähigkeit, Bedürfnisse zu spüren und zu äußern, im Einklang mit der stattfindenden Situation und der Umwelt, ist etwas, was wir lernen müssen.

Kinder, deren Bedürfnisse ihnen ständig abgesprochen werden, werden sehr vorsichtig damit, sie zu äußern. Viele prüfen die Stimmung um sie herum, bevor sie ein Bedürfnis kommunizieren. Es ist möglich, dass sie sich dadurch schon früh als nervig oder unzumutbar wahrnehmen.

Das heißt, sobald eines der Bedürfnisse auftaucht, die einem oft abgesprochen wurden, taucht eine Stimme im Kopf auf, die etwas sagt wie: „Lass das mal lieber“ , „So schlimm ist es doch nicht“, „Lass dir nichts anmerken“. Das geht oftmals so schnell, dass es nicht in die bewusste Wahrnehmung gelangt. Es wird zum Muster, Bedürfnisse oder Gefühle im Keim zu ersticken, wodurch es immer schwieriger wird, sie überhaupt zu spüren.

Wahrnehmen von Bedürfnissen und Gefühlen

Bedürfnisse und Gefühle hängen eng miteinander zusammen. Durch Gefühle werden Bedürfnisse spürbar, ein Gefühl ist wie das Sprachrohr eines Bedürfnisses. Ein erfülltes Bedürfnis gibt ein gutes Gefühl, ein unerfülltes, ein unangenehmes. Wer Angst davor hat, auf einer Bühne zu sprechen, hat das Bedürfnis, das zu vermeiden. Wer sich freut, eine Person wiederzusehen, hat das Bedürfnis, sie zu umarmen. Das Bedürfnis, sich selbst mehr in den Fokus zu nehmen, kann sowohl ein Gefühl der Freude und des Stolzseins auslösen, als auch Unbehagen. Diese ganzen Gefühle überhaupt wahrzunehmen, ist nicht immer leicht. Manche von uns haben verlernt, Gefühle zu spüren und richtig einzuordnen. Somit fällt es vielen auch schwer, die Bedürfnisse, die damit einhergehen, wahrzunehmen. Manchmal werden Bedürfnisse zwar spürbar, aber wir erlauben sie uns nicht.

Das Bedürfnis, sich „Raum zu nehmen", kann man sich sehr bildlich vorstellen.

In einer vollen U-Bahn fühlen sich alle Anwesenden sichtlich unwohl. Steigen einige Personen aus, atmen die übrig gebliebenen Fahrgäste meistens auf und stellen sich an einen Ort, an dem sie mehr Platz haben. Wir wollen um uns herum Raum haben, um uns frei zu bewegen. Zudem wollen wir Grenzen setzen, bis wohin uns jemand nah kommen darf. Auch das ist nicht immer möglich.

Wenn wir als Kind Bedürfnisse äußern und Grenzen setzen, bekommen wir eine Antwort. Passt diese Antwort nicht mit dem Zusammen, was wir fühlen, beginnt eine Irritation. Ein Filter entsteht für die Äußerung der eigenen Bedürfnisse. Manchmal sind es auch die äußeren Umstände, die Menschen zwingen, ihre Bedürfnisse zurückzustellen. Passiert das früh, fehlt möglicherweise der Prozess, mit der Umwelt zu interagieren und zu lernen, welche Bedürfnisse wann und wo befriedet werden können.

FALLBEISPIEL

Meine Klientin Lina nahm ich als eine ruhige und introvertierte Person wahr. Sie sagte nur dann etwas, wenn sie wirklich etwas zu sagen hatte und gab zunächst wenig Gefühle preis. Sie kam zu mir, da sie nach einer langen Zeit im Homeoffice wieder ins Büro gehen sollte und ihr dieser Schritt große Angst machte. Sie hatte Angst vor der Bewertung anderer und hätte sich am liebsten dauerhaft hinter ihrem Bildschirm versteckt.

Ihre Kindheit beschrieb sie grundsätzlich als schön. Ihre Eltern waren Besitzer eines eigenen Geschäfts und mussten daher viel arbeiten. Lina war oft mit im Geschäft, um dort ihre Hausaufgaben zu erledigen. Wenn sie mal krank war und zu Hause bleiben musste, ist der durchgeplante Tag ihrer Mutter aus dem Konzept geraten. Die Mutter war genervt, was Lina deutlich spüren konnte. Als Lina Streit mit Mitschülerinnen hatte und zu Hause davon erzählte, gab ihre Mutter ihr das

Gefühl, dass sie übertreibt und ihr Vater hörte ihr erst gar nicht zu.

Wann immer sie Gefühle zeigte, die unbequem waren, wie Wut oder Trauer, konnte sie die Überforderung ihrer Eltern deutlich spüren. Ihre Mutter hat diese Gefühle klein gemacht und sich schnell etwas anderem zugewandt, ihr Vater war genervt und hatte dafür „keine Zeit". Dass Lina mit einer großen Schwester aufgewachsen ist, die ihre Gefühle von Klein auf gut kontrollieren konnte und sich der Erwartung der Familie früh angepasst hat, machte es für Lina noch schwieriger. Sie bekam dadurch das Gefühl anzuecken, nicht dazuzugehören und sich nicht so zeigen zu dürfen, wie sie ist. Sie ist deshalb immer ruhiger geworden und erzählte ihren Eltern nicht mehr viel, um das unangenehme Gefühl zu vermeiden, dass sie „zu viel" ist. Das hat sich schnell auf das schulische Umfeld übertragen. Sobald Mitschüler oder Lehrer Kritik an ihr übten, war ihre Reaktion, sich selbst abzuwerten und noch ruhiger zu werden. Ihre sozialen Kontakte blieben oberflächlich und sie wurde zur Außenseiterin. Auch das haben die Eltern als Makel wahrgenommen und Lina die Schuld dafür gegeben. „Sei doch nicht so schüchtern", wurde ihr immer wieder gesagt. Das hat sie noch mehr verunsichert und eine soziale Angst hervorgerufen. Die Zeit im Homeoffice nahm sie als sehr angenehm wahr, da sie sich dieser Angst nicht stellen musste. Der Gedanke, zurück ins Büro zu den Kollegen zu müssen, brachte all die Gefühle und Befürchtungen von früher wieder hervor.

Lina hat gelernt, dass ihre Gefühle nicht sein dürfen. Dass sie nicht sein darf. Wer das Selbstbild hat, nicht sein zu dürfen, der darf auch keine Bedürfnisse haben. So wie Lina geht es sehr vielen Menschen. Bestimmte Gefühle werden in gut und schlecht eingeteilt, zumutbar und unzumutbar. Diese Gefühle werden dann nicht nur anderen gegenüber als unzumutbar eingestuft, sondern auch sich selbst gegenüber.

All das, was als „anstrengend“ gilt, wird von Scham begleitet und versucht zu unterdrücken. Wer nicht zeigt, dass er oder sie wütend, traurig oder enttäuscht ist, wird entsprechend nicht die Reaktion bekommen, die sich erhofft wird. Wenn die Arbeitskollegin immer wieder ungefragt ins Büro platzt und sie nie gesagt bekommt, dass das stört und Wut auslöst, wird sie es immer wieder tun.

Die Hoffnung, dass sie selbst auf die Idee kommt, dass das stört und ihr Verhalten verändert, ist der Kollegin gegenüber nicht fair. Nur wer Verantwortung für sich und seine Gefühle und Bedürfnisse übernimmt, kann Situationen mitbestimmen und verändern.

Zu verstehen, an welchen Stellen die eigenen Bedürfnisse immer leiser wurden, kann helfen, sie vorsichtig wieder auszugraben und ihnen eine Stimme zu verleihen. Das ist mit Gefühlen verbunden, die möglicherweise unangenehm sind. Wurden Bedürfnisse immer wieder abgesprochen, kann das Auswirkungen auf das Selbstwertgefühl haben. Deshalb geht es im ersten Schritt nicht darum allen Bedürfnissen Raum zu geben, sondern das Selbstwertgefühl zu stärken, um sich diesen Schritt überhaupt zu trauen.

Vom Selbstwertgefühl zum Selbstbild

Der Selbstwert kann als die Summe der subjektiven Bewertungen zur eigenen Person definiert werden. Das Selbstwertgefühl spiegelt also nicht unsere tatsächlichen Eigenschaften und Kompetenzen wider. Es ist das Gefühl des eigenen Wertes. Ob es nun Selbstvertrauen, Selbstbewusstsein oder Selbstsicherheit genannt wird – es meint im Prinzip das gleiche. Ich nutze gerne den Begriff des Selbstwertgefühls, da er für mich am genauesten ausdrückt, worum es geht. Um ein Gefühl für sich selbst. Es gibt Menschen, die dazu neigen, selbstlos zu sein, sich besonders für andere aufzuopfern. Andere haben ein starkes Selbstvertrauen, aber können gut die Balance halten zwischen den eigenen Bedürfnissen und denen der anderen. Andere hingegen handeln eher selbstbezogen und stellen ihre eigenen Bedürfnisse in den Vordergrund. Viele von uns haben alle drei Tendenzen in sich, die in unterschiedlichen Settings zum Vorschein kommen.

Eng verbunden mit dem Selbstwertgefühl ist das Selbstbild. Es ist das Bild, das wir von uns selbst haben, also von unseren Stärken und Schwächen, unserer Persönlichkeit, unseren

Werten, unserem Status und auch von unserem Selbstwertgefühl. Das Selbstbild beeinflusst unser Denken, Fühlen und Handeln, da es wie eine Brille ist, die jeder von uns täglich trägt und die mitbestimmt, wie wir die Welt sehen. Diese kann sich situationsabhängig verändern, aber beeinflusst uns immer. Es zeigt auf, wie weit wir weg sind, von unseren Wünschen anders zu sein.

In Wechselwirkung zum Selbstbild steht das Fremdbild. All das Feedback, welches wir erhalten haben, formt dieses Bild. In Form von Kritik, Wertschätzung, Liebe, Respekt und Bestätigung oder Abwesenheit dieser Dinge. Das Selbstbild ist also vom Fremdbild bestimmt. Hören wir beispielsweise immer wieder, dass wir so selbstbewusst wirken, obwohl unser Selbstbild ein anderes ist, ist die Chance groß, dass wir tatsächlich selbstbewusster in Situationen gehen und das Selbstwertgefühl sich dadurch erhöht. Genauso kann es andersherum laufen. Denken wir, dass wir zum Beispiel sympathisch auf andere wirken, bekommen aber das Feedback, dass wir als reserviert und unsympathisch wahrgenommen werden, kann das auslösen, dass wir uns zurückziehen und tatsächlich reservierter werden.

Dieses Gefühl zu sich selbst entwickelt sich in der Regel schon früh in eine Richtung. Genetische Komponenten beeinflussen unser Selbstwertgefühl, aber eben auch, wie die Umwelt uns wahrnimmt und welche Antworten wir bekommen. Unser Temperament, Erscheinungsbild und unsere Gesundheit beeinflussen, wie wir wahrgenommen werden. Wenn wir ins gesellschaftliche Bild passen, ist die Wahrscheinlichkeit groß, dass wir mehr Wertschätzung und Anerkennung bekommen. Das wiederum kann sich positiv auf den Selbstwert auswirken. Passen wir weniger in die Norm, müssen wir härter arbeiten, um einen stabilen Selbstwert aufzubauen.

Jede Person entwickelt sich anders und hat andere Bedürfnisse, die erfüllt sein müssen, für ein gutes Gefühl. Es muss nicht immer diese wunderschöne und erfolgreiche Person sein, die ein besonders hohes Selbstwertgefühl hat. Wie in den vorherigen Kapiteln beschrieben, haben das Familiensystem, das soziale Umfeld, die eigene Geschichte und die inneren Glaubenssätze einen großen Anteil daran, wie wir uns selbst sehen und wie viel Wert wir uns zuschreiben.

Was hilfreich für die Entwicklung eines gesunden Selbstwertgefühl ist, ist eine gute Basis. Meistens in der Herkunftsfamilie angelegt. Wer in einem Elternhaus aufwächst, in dem es ein Gefühl von Beständigkeit und Sicherheit gibt und der Raum zur Entfaltung offen ist, hat die Möglichkeit, sich auszuprobieren. Sich vor allem mit allen Gefühlen auszuprobieren, ohne befürchten zu müssen, ausgegrenzt oder beschämt zu werden. Wenn das Familiensystem aus der Balance geraten ist, beispielsweise durch die Trennung der Eltern, können Kinder das Gefühl bekommen, dass sie sich zurücknehmen sollten, da sonst noch Schlimmeres passieren könnte. Wer nicht den sicheren Boden hat, um sich in seiner Gänze zu zeigen, auch mit den unangenehmen und unschönen Seiten, wird an sich und somit am eigenen Wert zweifeln.

Wenn Eltern eigene Päckchen tragen und aufgrund dessen ihre Liebe nie so zeigen konnten, wie das Kind es gebraucht hätte oder das Leben nicht so gestalten konnten, wie es gut gewesen wäre, wird das Auswirkungen aufs Kind haben. Kinder denken fast immer, es hätte etwas mit ihnen zu tun. Auch das formt das Selbstbild und beeinflusst das Selbstwertgefühl. Es kann das Gefühl entstehen, dass man es nicht wert ist, sich wichtig zu nehmen und seinen Bedürfnissen Raum zu geben. Das macht es schwer die Welt um sich selbst drehen zu lassen.

FALLBEISPIEL

Meine Klientin Katharina tat sich schwer, sich in romantischen Beziehungen eng zu binden. Sie hatte immer das Bedürfnis, emotionalen Abstand zu halten, sobald es ernst wurde. Sie entwickelte das Selbstbild der unabhängigen, starken Frau für sich, die keinen Partner braucht. Tief in ihr drin, trug sie aber doch den Wunsch nach Beständigkeit und Nähe, obwohl das für sie etwas für „die Schwachen“ ist. Hat sie sich auf emotionale Nähe eingelassen, versuchte sie, nach kurzer Zeit durch körperlichen Abstand Distanz zu gewinnen. Familiengeschichtlich erklärbar wurde dies durch die Beziehung zu ihrer Mutter. Diese war selbst traumatisiert durch mehrere schwere und frühe Verluste in ihrem Leben, die sie nie verarbeiten konnte.

Die Mutter war zwar körperlich fast immer anwesend, aber kaum emotional für ihre Tochter spürbar. Katharina konnte ihre Liebe nie richtig fühlen, die Mutter wirkte kalt und abweisend. Sie hat sie weder richtig lachen noch je weinen sehen. Je mehr Katharina versuchte, die Liebe der Mutter zu spüren, desto weiter zog sich die Mutter zurück.

Die Mutter konnte zu viel Nähe nicht ertragen, da sie eine große Furcht vor einem erneuten Verlust entwickelt hatte. Um dieses Defizit vor sich selbst zu rechtfertigen, sagte die Mutter zu ihrer Tochter immer wieder Sätze wie „Du solltest dich besser nur auf dich selbst verlassen" oder „Echte Liebe gibt es sowieso nicht". Da Katharina das Verhalten der Mutter als Kind nicht verstehen konnte, hat sie es auf sich bezogen. Sie bekam das Gefühl, falsch und zu viel zu sein. Nur durch den eigenen emotionalen Rückzug konnte sie sich sicher fühlen und passte ins Bild, was die Mutter gerne sehen wollte. Als starkes, unabhängiges Mädchen. Sie hat durch das Fremdbild ihrer Mutter ihr Selbstbild entwickelt.

Es müssen nicht immer traumatisierende Ereignisse sein, die das Selbstbild prägen. Kinder beziehen auch Dinge des Alltags auf sich, die möglicherweise nicht so gemeint sind. Sie haben erstmal keinen anderen Spiegel als die Menschen, mit denen sie aufwachsen. Oftmals beobachtet, habe ich Eltern, die zu ihren Kindern Dinge sagen, die augenscheinlich nur als Spaß gemeint sind. Wenn ein Kind aber immer wieder hört, dass es „zu blöd" ist, wird etwas davon verinnerlicht.

Besonders heikel: Wenn diese Kinder so tun sollen, als würden sie das auch als Spaß aufnehmen, selbst wenn es sie verletzt.

So ein Verhalten ist mir bei einer Familie, die ich Rahmen der Jugendhilfe in Betreuung hatte, aufgefallen. Es war eine Familie mit drei Kindern, von außen betrachtet eine „normale“ Familie. Die Eltern haben sich Hilfe gewünscht, da der älteste Sohn sich immer mehr zurückzog und sehr viel Zeit am Handy saß. Wir haben einen gemeinsamen Nachmittag draußen verbracht. Die Kinder haben sich miteinander beschäftigt, die Eltern und Fachleute sich unterhalten.

Wenn die Kinder zum Vater kamen, um ihn etwas zu fragen oder damit er einen Konflikt zwischen ihnen klärt, hat er jedes Mal eine abfällige Bemerkung gemacht oder die Augen verdreht. Aussagen wie „Du warst aber auch mal schlauer, warum schaffst du das selber nicht?“, „Du nervst!“ oder „Ihr wollt es auch nicht kapieren, oder?“, fielen am laufenden Band. Darauf angesprochen, sagte der Vater, dass seine Kinder wissen würden, dass das nicht ernst gemeint sei. Von den Kindern hat er sich direkt die Bestätigung dazu geben lassen. Jedoch war im Ausdruck der Kinder sichtbar, dass das etwas mit ihnen gemacht hat. Sie haben diese und andere Sätze ihr Leben lang gehört und durften sich nie dagegen positionieren.

Mit diesem Beispiel will ich nicht sagen, dass jede Person, deren Eltern mal einen Witz auf ihre Kosten gemacht haben, emotionalen Schaden genommen hat. Solange das Fundament der bedingungslosen Liebe klar ist und Kinder das Gesagte einordnen können. Ich denke zudem, dass manche Kinder von Grund auf sensibler sind als andere. Wer mit einem dickeren Fell zur Welt kommt, empfängt Kritik auf einem anderen Kanal, als eine Person, die Dinge schnell persönlich nimmt und dazu neigt, sich selbst abzuwerten. Deshalb kann es hilfreich sein, sich selbst die Frage zu stellen, inwiefern das Selbstbild durch ein Fremdbild geprägt wurde. Sowohl von den Eltern, als auch von späteren Erfahrungen im sozialen oder beruflichen Umfeld.

ÜBUNG:

Skalierungsfrage: Wo würdest du dich heute selbst einordnen, auf einer Skala von 1 = ganz niedriges Selbstwertgefühl bis 10 = bombastisches Selbstwertgefühl?

Wo würdest du gerne hin?

Schreibe dir danach eine Liste mit zwei Spalten: In die eine Spalte kommen all die Dinge, die du an dir gut findest. In die andere Spalte, alles, was du für verbesserungswürdig hältst. Die Schwierigkeit dabei: Keine Aufzählung darf länger sein als die andere. Du musst also für jede negative Eigenschaft mindestens eine positive finden, und andersrum. Schaffst du es, fünf Punkte zu finden?

Wer den Fokus nicht auf sich selbst legt, hat in der Regel ein Selbstbild von sich, das das verhindert oder nicht zulässt. Ein Selbstbild ist nicht starr, sondern wandelbar und verändert sich im Laufe des Lebens. Trotzdem haben viele Menschen ein Selbstbild von sich, welches wie eine Überschrift über ihrem eigenen Leben steht. Vielleicht findet sich der ein oder andere in den Überschriften wieder?

„Ich will für andere da sein"
Das kann das Selbstbild der „helfenden Person" sein. Die, die immer für andere da ist, anstatt sich um sich selbst und die eigenen Bedürfnisse zu drehen. Daraus zieht die Person Anerkennung und Wertschätzung, auch sich selbst gegenüber. Oftmals ergreifen diese Menschen einen helfenden Beruf. Sie fühlen sich wohler, nicht im Mittelpunkt zu stehen und haben wenig Schwierigkeiten damit, zurückzustecken.

„Ich verliere den Kampf sowieso"
Wer von sich denkt, dass es sich nicht lohnt, Grenzen zu setzen oder Bedürfnisse zu äußern, da diese eh übergangen werden, probiert es oft nicht. Erfahrungen in der Vergangenheit haben das Selbstbild meist bestätigt, nicht durchsetzungsstark genug zu sein. So lernt eine Person mit diesem Selbstbild allerdings auch nicht „zu kämpfen". Oftmals aus dem Gefühl der Angst, es nur noch schlimmer zu machen, umgeht diese Person Konflikte und steckt deshalb zurück.

„Wenn ich es nicht mache, wer dann?"
Wem schon früh viel Verantwortung übertragen wurde, der kann das Gefühl entwickeln, dass sich niemand sonst kümmert. Wer im Job oder der Partnerschaft sofort in die Lücken springt, wenn es um die Übernahme von Verantwortung geht, bekommt das Gefühl, dass die eigenen Bedürfnisse weniger wert sind als die der anderen.

„Ich wäre lieber unsichtbar"
Vielen Menschen ist es unangenehm, im Rampenlicht zu stehen. Manche wünschen sich, regelrecht unsichtbar zu sein, aus unterschiedlichen Gründen. Wenn soziale Begegnungen Stress auslösen, werden diese versucht zu vermeiden. Bedürfnisse werden nicht geäußert, um keine Reaktion zu bekommen.

„Erst muss es den anderen gut gehen"
Wer gelernt hat, dass es wichtiger ist, dass es den anderen gut geht, glaubt meistens, es nicht verdient zu haben, den ersten Platz im eigenen Leben einzunehmen. Wer sich um sich selbst kümmert, bekommt schnell ein schlechtes Gewissen und gleicht dies wieder damit aus, sich zurückzunehmen.

ÜBUNG:

Mit welcher Überschrift kannst du dich identifizieren?
Wenn du deine Überschrift mal für einen Tag ändern könntest: Wie würde sie lauten? Was wäre anders?

Auswirkungen von Selbstvernachlässigung

Menschen, die ihren Fokus auf den Wünschen, Erwartungen und Bedürfnissen von anderen haben und nicht auf ihren eigenen, vernachlässigen sich selbst. Das kann zu Stress führen. Denn die Erwartungen oder Bedürfnisse von Menschen oder Systemen um uns herum sind unsichtbar. Selbst wenn sie ausgesprochen werden, können wir sie in ihrer Gänze doch nur erahnen. Zudem bleiben sie oft unausgesprochen, da die andere Person nicht weiß, dass der Fokus gerade auf ihr liegt. Es ist ein ewiges Hinspüren und Rätsel raten, die Bedürfnisse, die nicht die eigenen sind, zu erfüllen. Das kann zu einer Daueranspannung des Nervensystems führen.

In einer Partnerschaft ist dies nach einiger Zeit einfacher, da Verhalten und Reaktionen von Menschen, die vertraut sind, vorhersehbarer werden. Dass der Partner gerne morgens eine eingeschaltete Kaffeemaschine vorfinden möchte, lernen wir schnell. Was aber Arbeitskolleg*innen, Freund*innen, der Chef, Fremde im Supermarkt oder Kund*innen genau erwarten, ist schwieriger zu erahnen. Deshalb neigen viele Menschen, die den Fokus auf anderen haben, dazu, sich möglichst im Sinne der anderen zu verhalten. Das bedeutet freundlich sein, mehr ja als nein sagen, Erwartungen zuvorkommen, Konflikten aus dem Weg gehen.

Im ersten Moment scheint das der Weg des geringeren Widerstands zu sein. Wieso löst das dann Stress aus? Weil es anstrengend ist. Wer fast sein ganzes Leben lang so gelebt hat, der wird dies zunächst nicht als anstrengend empfinden, da nichts anderes bekannt ist.

Wie könnte es nicht anstrengend sein, ständig im Außen zu sein?

Die Antennen der Empathie immer auf Sendung zu haben? Sich ständig für andere anzustrengen, statt für sich selbst?

Dauerstress ist bekanntlich nicht gut für die Gesundheit, sowohl körperlich als auch psychisch. Wer ständig über die eigenen Grenzen geht, zu viel „ja" sagt, und sich um die Bedürfnisse der anderen kümmert, kann chronischen Stress bekommen. Bei manchen löst er körperliche Symptome aus wie Kopf- oder Bauchschmerzen, Magen-Darm-Reizungen bis hin zu Tinnitus. Die Ursache solcher Symptome wird oftmals auf rein körperlicher Ebene gesucht und nicht in Verbindung damit gebracht, was wir jeden Tag fühlen.

Oftmals fällt der Stress und Druck ab, wenn keiner mehr da ist, der Erwartungen haben könnte. Alleine zu Hause fällt es oft leichter, „man selbst" zu sein und die eigenen Bedürfnisse zu erfüllen. Das Leibgericht kochen, die Lieblingsserie schauen und nur für sich selbst sein. Wenn man diese Zeiten überhaupt hat und nicht Partner, Kinder, Eltern usw. permanent um einen herum sind. Viele Menschen können in diesen Zeiten nur mit sich gut ihre Batterien wieder aufladen. Dabei stellt sich die Frage, warum in der Interaktion mit anderen die

Akkus so schnell leer werden und ob es damit zu tun hat, dass die Bedürfnisse der anderen so stark im Fokus stehen.

Anderen Menschen fällt es wiederum schwer, nur mit sich allein zu sein. Wer sich mehr um andere als um sich kümmert, hat wenig von sich selbst übrig oder kennt sich oft nicht richtig. Wenn die Beschäftigung mit anderen wegfällt, entsteht plötzlich ein Loch. Wo Löcher sind, können ungute Gefühle oder Gedanken entstehen. Die meisten Menschen fühlen sich selbst besonders intensiv, wenn sie wenig Ablenkung haben. Für viele ist das gut und in Ordnung, für andere fast nicht auszuhalten. Von vielen Singles deshalb oft gefürchtet: der Sonntag. Ein gutes Beispiel dafür ist, dass es schwer sein kann, sich selbst auszuhalten, ohne sozialen Kontakt und die Struktur des Alltags. Der Fokus verschiebt sich wie von selbst auf das eigene Leben. Als würde das Spotlight die Richtung wechseln und auf einen selbst scheinen. Es ist also möglich, dass der Fokus unbewusst, aber aus guten Gründen auf andere gelegt wird, um mit sich selbst nicht zu viel in Kontakt zu kommen. Es gibt auch hier eine Funktion hinter dem Verhalten.

Funktionalität von Symptomen

Hinter jedem (psychischen) Symptom steckt eine Funktion – das ist für viele eine gewagte These. Das hieße im Umkehrschluss, dass alles, was wir tun oder spüren, einen Gewinn bringt – auch wenn ein Symptom viel Leid auslöst. Für manche klingt das wie eine Schuldzuweisung. „Du bist selbst Schuld an deinem Leid, du willst es nicht anders", hören viele. Ich möchte damit viel mehr sagen: „Es ist nicht möglich, alles zu beeinflussen, aber es ist oft möglich, mehr Verantwortung für das eigene Handeln und Fühlen zu übernehmen, als uns bewusst ist."

Der angesprochene Gewinn kann auch als Krankheitsgewinn bezeichnet werden. Ich spreche lieber von der Funktionalität von Symptomen, jedoch ist „Krankheitsgewinn" die bekanntere Begrifflichkeit. Er bedeutet, dass durch die Aufrechterhaltung oder nicht Beendigung eines Zustands ein Vorteil entsteht. Ob dieser nun tatsächlich vorhanden ist oder sich nur so anfühlt, ist nicht relevant. Dies kann körperliche und psychische Leiden betreffen.
Solche Vorteile können sein:

Anteilnahme von anderen, Mitgefühl, Zuwendung, Entbindung von Pflichten, sich Pausen erlauben, sich selbst weniger spüren müssen, Konflikten aus dem Weg gehen usw. Wenn wir als Kind oder Erwachsene die Erfahrung machen, dass ein Symptom oder eine Krankheit Vorteile bringt, kann eine kognitive Verknüpfung entstehen und dieses Verhalten sich auf viele Lebensbereiche und den Alltag auswirken.

Es gibt den *primären (inneren) Krankheitsgewinn*, durch den ein direkter Vorteil entsteht. Meist geht es dabei um eine Form der Entlastung. Ein einfaches Beispiel: Ein unangenehmer Termin kann abgesagt werden, weil es einem nicht gut geht.

Als *sekundären Krankheitsgewinn* wird der äußere Krankheitsgewinn beschrieben. Es entstehen indirekte Vorteile aus einem Verhalten, meist Mitgefühl oder Aufmerksamkeit. Wer beispielsweise immer dann vom Partner entlastet wird, wenn es ihm oder ihr schlecht geht, profitiert vom Symptom indirekt.

Beim *tertiären Krankheitsgewinn* erfolgt der Vorteil für die Umgebung des Betroffenen. Eine besonders fürsorgliches Elternteil fühlt sich zum Beispiel dann sehr gebraucht, wenn es dem Kind nicht so gut geht. Dieses Elternteil hat in diesem Fall den Vorteil.

Wie bereits beschrieben, kann es einen oder mehrere Vorteile haben, wenn die Welt sich nicht so sehr um die eigene Person dreht. Diese Vorteile können beispielsweise entstehen:

» Selbstwerterhöhung durch das Kümmern um andere
» Konfliktvermeidung durch wenig Grenzsetzung
» Ein Gefühl der Zugehörigkeit durch Anpassung
» Der Versuch sich unsichtbar zu machen, um Verletzung zu vermeiden

- » Weniger Auseinandersetzung mit den eigenen Gefühlen
- » Vermeidung von Loyalitätskonflikten
- » Die Kämpfe, die nicht gekämpft werden, können nicht verloren werden

Heißt das, wenn eine Person den Fokus auf andere setzt, eigentlich sich selbst einen Vorteil dadurch verschafft? Jein. Ich denke, dass Menschen selten bis nie völlig selbstlos sind. Sie haben ein eigenes Interesse, bei dem was sie tun, auch wenn es augenscheinlich eher anderen dient. Wer es anderen Recht macht, verschafft sich selbst inneren Frieden. Wer kaum Grenzen setzt, muss keine Konflikte aushalten. Wer immer nett ist, muss keine Verletzung befürchten. Das ist weder eine Bewertung noch eine Verurteilung. Jede Person handelt aus einem persönlichen guten Grund und aus der eigenen Geschichte heraus.

Auch wenn eine Krankheit, ein Verhalten oder ein Symptom einen Gewinn bringen, mindert das nicht den empfundenen Leidensdruck. Eine Verhaltensänderung kann wahnsinnig schwierig sein und es soll nicht der Eindruck entstehen, dass eine betroffene Person lieber die Vorteile abgreift, anstatt etwas zu verändern. Worum es an dieser Stelle geht, ist die Selbstreflektion. Wer den persönlichen Vorteil seines Verhaltens erkennt, kann versuchen, in die Veränderung zu gehen.

ÜBUNG

Folgende Fragen können zur Selbstreflektion anregen:

- » Wenn der Fokus nicht mehr so stark auf anderen liegt, sondern auf mir – Was würde ich an meinem alten Leben vermissen?
- » Was könnte ich dafür tun, dass ich den Fokus noch mehr auf andere lege, statt auf mich und meine Bedürfnisse?
- » Was würden meine Eltern/Freunde/Kollegen über mich denken, wenn sie erfahren, dass ich den Fokus immer nur auf sie lege?
- » Wie würde mein Alltag aussehen, wenn meine Welt sich nur um mich drehen würde? Was genau wäre anders?

FALLBEISPIEL

Ein besonderes Beispiel, wenn es um die Funktionalität von Verhalten in diesem Kontext geht, fällt mir aus meiner Arbeit in der Beratungsstelle für Essstörungen ein. Es kam ein Paar, etwa Anfang 30, in die Beratungsstelle und wollte das Gespräch zusammen mit mir führen. Sie war stark untergewichtig, ihr Mann war als Begleitung dabei. Sie erzählte, dass sie seit etwa einem Jahr immer weiter abnahm und vermutete, an einer Magersucht erkrankt zu sein. Ihr Mann machte sich große Sorgen und fühlte sich hilflos. Ich fragte nach, ob zu Beginn der Abnahme vor einem Jahr etwas im Leben der Frau passiert sei und ob sie einen Grund sieht, weshalb sie nicht mehr aufhören konnte, abzunehmen.

Zunächst fiel ihr kein Grund ein, jedoch erzählte sie, dass es ihr nicht so gut gehe, da festgestellt wurde, dass ihr Mann keine Kinder bekommen könne. Für ihn war das sehr schade, für sie brach eine Welt zusammen. Sie hatte sich schon immer eine eigene Familie gewünscht und wollte sich diesen Wunsch mit ihrem Mann zusammen erfüllen. Dann erzählte sie, dass sie schon seit einigen Monaten durch die Abnahme ihre Periode nicht mehr bekomme und das nun eh gerade kein Thema mehr sei. Da wurde ich hellhörig.

Ich fragte mich, ob die Frau deshalb so stark abgenommen hat, um temporär nicht zeugungsfähig zu sein, um keine Entscheidung für oder gegen die Beziehung treffen zu müssen. Vorsichtig teilte ich dem Paar meine Hypothese mit und wartete die Reaktion ab – die Frau schien zunächst irritiert, bis sie anfing, heftig zu weinen. Über eine Trennung aufgrund des Kinderwunsches hatte das Paar bis dahin noch nicht offen gesprochen, über das Thema wurde geschwiegen. Anstatt sich mit einer möglichen Trennung auseinanderzusetzen, hatte die Frau eine andere, temporäre Lösung gefunden – abnehmen, um keine Kinder bekommen zu können. So konnte sie mit ihrem Freund zusammen bleiben und musste keine Entscheidung gegen ihn und für ihren Kinderwunsch treffen.

Diese Beratung kommt mir immer wieder in den Sinn, da die Frau einen hohen Preis dafür bezahlt hat, um die Beziehung aufrechtzuerhalten. Sie wollte nichts mehr als eine Familie, aber auch ihren Partner behalten. Das war der, zu der Zeit, beste Lösungsversuch für sie.

Wie bereits angesprochen, kann der Vorteil davon, den Fokus nicht auf sich selbst zu legen, sein, nicht in Konflikte zu kommen. Beim Setzen von persönlichen Grenzen taucht bei vielen die Befürchtung auf, dass sie damit anecken oder dass die Grenzen nicht akzeptiert werden. Das Nicht-setzen von Grenzen hat also auch Vorteile, obwohl viele das Bedürfnis haben, sich mehr abgrenzen zu können.

Veränderung schaffen

Wer ein Verständnis für die Hintergründe seines Verhaltens bekommt, dem fällt es leichter, sich mit der Veränderung zu befassen.

Grenzen
Ja sagen und nein meinen

Es gibt ganz verschiedene Arten, Grenzen zu setzen. Es gibt auch verschiedene Arten von Grenzen. Grenzen setzen ist, zumindest da, wo ich mich auf Social Media aufhalte, derzeit in aller Munde. Wer den Fokus auf sich selbst legt, setzt Grenzen nach außen. Dieses Thema ist essentiell dafür, dass die Welt sich mehr um die eigene Person dreht. Die Themen aus den vorherigen Kapiteln wie Glaubenssätze, Loyalitäten und die Rolle in der Familie hängen eng mit der Fähigkeit der Grenzsetzung zusammen.

Dass es wichtig für die eigene psychische und physische Gesundheit ist, Grenzen zu setzen, leuchtet ein. Manche Grenzüberschreitungen sind anstrengend, andere bedrohlich. Manchmal kann die Verantwortungsübernahme für Gefühle anderer eine Grenzüberschreitung uns selbst und anderen gegenüber sein. Aber was sind Grenzüberschreitungen? Auch hier gibt es viel Raum für eigene Definitionen. Wobei ich an der

Stelle klarstellen möchte, dass ich von erwachsenen, mündigen Personen ausgehe, die Grenzen theoretisch ausdrücken und akzeptieren können und um andere Personen, die diese einhalten würden.

Jede Person hat eine andere Definition von den eigenen Grenzen. Ich versuche es an einem Beispiel zu verdeutlichen. Stellen wir uns vor, wir sind frisch in ein Häuschen mit Garten gezogen. So wie oft in Deutschland zu finden, mit einem Zaun, der das Grundstück klar abgrenzt. Der Zaun definiert das Mein, das Dein und das Unser. Nun wohnt auf der einen Seite der Nachbar Hubert, der schon ewig im Ort wohnt. Auf der anderen Seite wohnt Bärbel, eine ältere Dame. Hubert neigt dazu, früh morgens unser Gartentor aufzumachen, um unsere Mülltonnen rechtzeitig an die Straße zu stellen, bevor die Müllabfuhr kommt. Wenn er uns im Garten sieht, kommt er gerne rüber, um sich mit uns zu unterhalten. Er ist ein offener Typ, der gerne Kontakt hat. Durch ihn wissen wir ganz viel über die anderen Dorfbewohner und die Geschichte des Ortes.

Bärbel hingegen bekommen wir kaum zu Gesicht. Wenn sie uns begegnet, grüßt sie freundlich und verschwindet schnell wieder. Sie hat nur einmal aus der Ferne gefragt, ob wir Marmelade mögen, dann würde sie uns im Sommer ein Glas schenken. Sie hat einen gepflegten Garten und ein paar Hühner.

Mit welcher Person fühlen wir uns wohler? Mit Hubert, der zwar (Grundstücks-)grenzen ungefragt übertritt, aber sonst sehr nahbar wirkt? Oder mit Bärbel, die sich zurückhält und damit Grenzen setzt und akzeptiert?

Stellen wir uns vor, wir würden mit Huberts Art nicht gut zurechtkommen. Er betritt ungefragt das Grundstück, übernimmt Verantwortung für Aufgaben, die nicht seine sind, und formt dazu ein Bild von den Personen im Ort, die wir noch nicht kennen. Er überschreitet möglicherweise unsere persönlichen Grenzen. Was nun? Es ihm sagen? Welche Gefühle löst diese Vorstellung aus? Welche Befürchtungen tauchen möglicherweise auf?

Stellen wir uns im Gegenzug dazu vor, wir würden mit Bärbel nicht zurechtkommen. Wir haben ein ungutes Gefühl, da wir so wenig über sie wissen. Fragen uns, ob ihre Zurückhaltung etwas mit uns zu tun hat. Mag Bärbel uns nicht? Vielleicht haben wir das Bedürfnis nach mehr Kontakt zu ihr. Aber dürfen wir das? Was würde Bärbel sagen, wenn wir versuchen, ihr näherzukommen und um Kontakt bitten? Können wir ihre Grenzen gut akzeptieren?

Deutlich an diesem Beispiel wird, dass jede Person einen individuellen Bereich hat, in dem er oder sie sich wohlfühlt. Für manche ist viel Nähe gut, für andere schnell zu viel. Manche können gut die Grenzen anderer akzeptieren, andere weniger.

Und das ist ein wichtiger Aspekt: Grenzen können nicht nur gesetzt werden, es ist auch eine Kunst, gesetzte Grenzen zu akzeptieren, ohne Angst um die Beziehung zu bekommen.

Nedra Glover Tawwab beschreibt in ihrem Buch „Grenzen machen uns frei" sechs verschiedene Arten von Grenzen:

1. Körperlichen Grenzen - wie nah darf uns jemand kommen
2. Intellektuellen Grenzen – welche Gedanken und Ideen werden geäußert
3. Die sexuellen Grenzen – welche Sexualität ist angemessen
4. Die emotionalen Grenzen – wie werden Gefühle wertgeschätzt
5. Die materiellen Grenzen – wie wird Eigentum behandelt
6. Die zeitliche Grenzen – wie wird mit der zeitlichen Ressource umgegangen

Oftmals geht es um verschiedene Arten von Grenzen gleichzeitig. Wenn es in einer Partnerschaft Streit gibt und eine Partei im Streit laut wird, Sachen des anderen kaputt macht, beleidigt, zu nah kommt, Gefühle abwertet und die Wohnung verlässt, dann werden fast alle genannten Grenzen überschritten. Es werden aber auch hier welche gesetzt. Deshalb möchte ich im Folgenden auf beide Aspekte eingehen – denn beide haben etwas damit zu tun, wie gut wir den Fokus auf uns selbst legen können.

Grenzen setzen

Stellen wir uns nochmal unseren Nachbarn Hubert vor. Wir finden ihn wahrscheinlich nett und er hat uns gerade zu Beginn der Nachbarschaft das Gefühl gegeben, willkommen zu sein. Was aber, wenn nach ein paar Tagen oder Wochen ein leises kleines Gefühl aufkeimt, dass es uns eigentlich nervt, dass Hubert sich einfach Zutritt zu unserem Garten verschafft? Wenn es uns unangenehm ist, dass er über einzelne Nachbarn schlecht spricht? Da wir bisher nichts dazu gesagt haben, nimmt Hubert an, das sei in Ordnung. Er ist nun nicht der Typ, der besonders empathisch ist und von sich aus auf die Idee kommt, dass uns das unangenehm sein könnte. Viele Menschen stellt das vor eine große Aufgabe. Die Gedanken fangen typischerweise an, zu kreisen:

- Wie könnte man ihm das sagen? Welche Worte sind wenig verletzend?
- Wann wäre ein guter Zeitpunkt?
- Ist es zu spät, etwas zu sagen?
- Was, wenn er dann auch über uns lästert?
- Was, wenn wir das Nachbarschaftsverhältnis damit aufs Spiel setzen?
- Lohnt es sich überhaupt, das zu riskieren?
- Könnte ich es aushalten, wenn alles so bleibt?

ÜBUNG:

Überlege mal, wann hast du das letzte mal solche Gedanken bei dir bemerkt? Bei welcher Person und welchem Thema?

Natürlich kann es je nach Situationen hilfreich sein, sich ein paar Gedanken darüber zu machen, was wir zu einer Person sagen, anstatt einfach loszuschießen. Gerade im beruflichen Kontext ist es manchmal erforderlich, weise Worte zu wählen. Wenn das Gedankenkarussell aber nicht aufhört oder man immer zu dem Schluss kommt, lieber nichts zu sagen, dann kann das die Lebensqualität einschränken. Auch hier gilt wieder: Das kann jede Person für sich definieren! Was aber sicher ist: Jede Grenzsetzung und jede Nicht-Grenzsetzung hat einen Preis.

Im Fall von Hubert könnten wir nichts sagen, um das Nachbarschaftsverhältnis nicht zu gefährden oder zu verändern. Der Preis wäre, dass alles so bleibt wie es ist. Es ist eine Abwägung zwischen dem, was persönlich stört und den Konsequenzen. Wenn wir aber merken, dass es jeden Tag ein bisschen mehr nervt und wir schlechte Laune bekommen, ist es wohl an der Zeit etwas zu sagen.

ÜBUNG

Schritt 1: Lerne deine Grenzen kennen

Erst, wenn du weißt, wo deine Grenzen überhaupt liegen, kannst du sie kommunizieren. Wie fühlt sich eine Grenzverletzung an? Ist es ein Gefühl, ein Gedanke oder eine Körperempfindung, die immer wieder aufkommt, sobald etwas passiert, was eigentlich über deine Grenzen geht? Fühlt sich das immer gleich an? Bemerkst du das direkt oder erst, wenn die Situation vorüber ist? Wie wurde mit deinen Grenzen in deiner Familie umgegangen?

All diese Fragen kannst du dir stellen, um dich besser kennenzulernen. Du kannst dich auch die nächsten sieben Tage selbst beobachten und versuchen, herauszufinden, wann du Grenzverletzungen wahrgenommen hast und wie sie sich angefühlt haben. Es kann hilfreich sein, das aufzuschreiben.

Was würdest du sagen, auf einer Skala von 1 bis 10: Wie gut bist du aktuell darin, Grenzen zu setzen und auf wie viele Punkte möchtest du kommen?

Schritt 2: Lerne dich als Grenzsetzer*in kennen

Wenn du weißt, wie es sich anfühlt, wenn deine Grenzen überschritten werden und du ein paar für dich identifiziert hast, kannst du dich ausprobieren. Das heißt, du lernst dich als Person kennen, die Grenzen kommuniziert. Mache das am besten in einem Umfeld, in dem du dich sicher fühlst. Das kann sich für jeden anders anfühlen. Manche sind in der eigenen Familie am sichersten, andere im Freundeskreis oder bei Fremden. Vielleicht kennst du dich auch schon als Grenzsetzer*in, nur noch nicht in jedem Umfeld. Es ist gut möglich, dass du deinem Partner gute Grenzen setzen kannst, deinem Chef aber nicht. In dem Fall kannst du dich als Grenzsetzer*in bei deinem Chef kennenlernen. Ich möchte dir ein paar Beispiele für Übungssituationen geben:

» Du hast dich mit deiner Freundin zum Abendessen verabredet. Du bist aber total müde und möchtest den Abend zu Hause verbringen – du sagst ihr ab und nennst den wahren Grund.

» Dein Chef bittet dich, noch eine Aufgabe zu erledigen, für die du länger im Büro bleiben müsstest. Du hast zwar keine Pläne für den Abend, aber willst Feierabend machen. Also sagst du Nein.

» Die Verkäuferin beim Bäcker packt das falsche Brötchen in die Tüte. Anstatt nichts zu sagen, um keine Umstände zu machen, weist du sie darauf hin.

» Dein Nachbar lässt dich unfreundlich wissen, dass du das Laub nicht aus deinem Garten entfernt hast, obwohl du es dieses Jahr absichtlich nicht weggeräumt hast für die Insekten – das teilst du ihm so mit.

» Du bist mit deinem Hund spazieren. Als du an einer Ampel stehst, greift eine Dame ungefragt an den Kopf deines Hundes und lächelt dich an. Du findest das unmöglich und teilst ihr mit, dass dieses Verhalten für dich nicht in Ordnung ist.

Ich bin sicher, es fallen dir selbst noch ganz viele Beispiele aus deinem Alltag ein. Grenzen setzen hat auch nicht immer etwas mit einem gesprochenen Wort zu tun. Es kann genauso ein Blick, eine Mimik oder Gestik sein, die eine Grenze aufzeigt.

Wichtig ist: Es darf leicht sein, du darfst dich selbst neugierig dabei beobachten, wie du etwas Neues ausprobierst. Du darfst auf die Gefühle, die damit einhergehen, gespannt sein. Es darf auch schiefgehen! Du kannst dir dein Worst-Case-Szenario ausmalen und dich fragen, wie wahrscheinlich es ist, dass das eintreten wird.

Schritt 3: Übe und etabliere deine Grenzen

Wie bei so vielen Dingen, ist auch hier Übung ein wichtiger Teil des Erfolgs. Nur wer sich selbst immer wieder davon überzeugt, etwas zu können, traut sich beim nächsten Mal wieder es zu tun. Und das ist – auch wenn es abgedroschen klingt – wie Fahrradfahren. Wie oft sind wir alle hingefallen, bei den ersten Versuchen. Dennoch haben die meisten von uns es irgendwann geschafft, sicher zu fahren. Und es war anstrengend, dorthin zu kommen. So ist es auch beim Grenzen setzen. Je öfter wir es wagen, desto leichter wird es uns von der Hand gehen. Desto kleiner wird das schlechte Gewissen. Auch die Dosierung will gelernt sein. Es ist nicht unüblich, dass zu Beginn der Grenzsetzung zu viel oder zu wenig davon herauskommt. Also die Grenzen entweder unangemessen vehement geäußert werden oder so leise, dass sie doch überhört werden. In beiden Fällen ist das eine Lernerfahrung.

Zurück zu Hubert. Was könnten wir machen, wenn uns sein Verhalten stört? Wir könnten ihn ganz direkt ansprechen und ihm sagen, dass wir uns wünschen, dass er nicht mehr ungefragt durchs Tor geht und er uns nicht mehr so viel über die Nachbarn erzählt. Es ist möglich, dass Hubert fragt, wo das

Problem ist. An der Stelle wird es für viele noch schwieriger: wenn eine Grenze hinterfragt wird. Aber Grenzen müssen nicht immer erklärt werden! In der Kommunikation mit Kindern ist es in der Regel sinnvoll, auch in der Partnerschaft. Aber es muss nicht immer eine Erklärung – oder in dem Fall eine Rechtfertigung – stattfinden. Der Satz „Ich möchte das nicht" sollte in vielen Fällen reichen.

Die Grenze für Hubert kann auch alternativ gesetzt werden. Indem zum Beispiel das Gartentor zugesperrt wird, die Mülltonnen schon am Abend von uns rausgestellt werden oder wir Gesprächen mit ihm ausweichen. Wird Hubert das verstehen? Vielleicht. Es könnte ihn aber auch nur ein bisschen irritieren und er wird versuchen, so weiterzumachen. Was ich damit sagen will: Klare Worte setzen klare Grenzen. Unklare Grenzsetzung schafft verschwommene Grenzen. Deshalb können Menschen wie Hubert eine tolle Gelegenheit sein, die Grenzsetzung zu üben.

Grenzen akzeptieren

Wie schon beschrieben, ist nicht nur das Grenzen setzen etwas, womit viele Menschen Schwierigkeiten haben. Auch das Grenzen Akzeptieren gehört dazu.

Denken wir nochmal an Bärbel. Die ruhige Nachbarin, die durch ihr Verhalten zeigt, dass sie Abstand möchte. Sie muss

es nicht sagen. Sie hat aber gefragt, ob wir Marmelade mögen. Also mag sie uns? Hat ihre Art uns gegenüber mit unserer Person zu tun? Wir kennen Bärbel und ihre Geschichte nicht. Wir wissen nicht, wie sie zu anderen Menschen ist.
Für viele Menschen wäre Bärbels Verhalten völlig in Ordnung. Jemand, um den wir uns keine Gedanken machen müssen, da sie unsere Grenzen genauso einhält, wie wir ihre. Dennoch könnte eine Person wie Bärbel in manch anderen Menschen Unruhe auslösen. Es muss nicht immer die stille Nachbarin sein, es kann auch:

» die Freundin sein, die unser Treffen spontan abgesagt hat

» der Kollege, der uns gebeten hat, nicht mehr so oft in sein Büro zu kommen

» der Partner, der den Wunsch nach mehr Zeit für sich geäußert hat

» das heranwachsende Kind, dass keine Lust mehr hat, mit in den Familienurlaub zu fahren

» der Freund, der Vater geworden ist und andere Prioritäten hat, als am Wochenende um die Häuser zu ziehen

» die Mutter, die wir nicht mehr so viel beanspruchen sollten, als wir erwachsen wurden

Grenzen zu akzeptieren, kann schmerzhaft sein. Je nach Kontext und der eigenen Erfahrung und Persönlichkeit, kann es schwieriger oder leichter sein. Werden wir von einem

Türsteher nicht in einen Club gelassen, dann ist das unangenehm und eventuell beschämend. Werden wir aber vom Partner abgeblockt, wenn wir Körperkontakt suchen, kann uns das auf einer tieferen Ebene erschüttern. Auch das hängt oft mit unserer Geschichte zusammen.
Sind wir beispielsweise mit einer Mutter aufgewachsen, die Schwierigkeiten damit hatte, Körperkontakt zuzulassen und uns als Kind schon mehr weggeschickt hat, als uns lieb war, hinterlässt das eine Narbe. An diese empfindliche Narbe geraten wir dann, wenn wir ein ähnliches Erlebnis haben.

Besonders knifflig wird es, wenn wir einen Reizpunkt haben, den wir immer wieder suchen. Also, wenn wir verstärkt Nähe suchen, da wir eine große Sehnsucht danach haben. Das kann dem Gegenüber schnell zu viel werden. Lehnt er diese Nähe wiederholt ab, drehen wir uns im Kreis. Die schmerzende Grenze wird erneut gesucht und die schon bekannte Ablehnung bestätigt. Ebenso bei der Übernahme von zu viel Verantwortung für andere Personen. Die Verantwortung wird aus einer guten Intention heraus übernommen, dies wird weder gewürdigt, noch gewollt und eine Grenze wird gesetzt. Das Gefühl entsteht, dass es oder man selbst niemals genug ist.

Wird so gut wie jede Grenzsetzung persönlich und als Anlass genommen, an der Beziehung zueinander zu zweifeln, kann das mit einem niedrigen Selbstwertgefühl zu tun haben. Wenn der Selbstwert nicht stabil ist, dann lässt er sich leicht erschüttern. Eine Grenzsetzung kann so eine Erschütterung auslösen. Auch das kann ein Grund sein, sich mit der eigenen Geschichte auseinanderzusetzen und zu überlegen, welche Grenzen einem selbst gesetzt oder nicht gesetzt wurden und wie wir uns damit gefühlt haben.

ÜBUNG:

Überlege, welche Grenzsetzung einer anderen Person hat dich zuletzt irritiert oder verletzt? Schau dir mal den Kontext an: Was glaubst du, wie viel hatte diese Grenzsetzung wirklich mit dir persönlich zu tun?

Denken wir ein letztes Mal an Bärbel. Wenn uns ihre Grenzsetzung beunruhigt, was könnten wir tun? Auch hier könnten wir das direkte Gespräch suchen. Bärbel zu fragen, ob sie uns mag, ist für den ein oder anderen wahrscheinlich zu direkt. Ihr aber den Raum zu öffnen, etwas zu sagen, kann hilfreich sein. „Bitte gib Bescheid, wenn dich etwas stört", nimmt uns aus der Verantwortung zu rätseln, was Bärbel braucht und gibt ihr die Verantwortung, sich zu äußern. Denn diese Gefühle, die Bärbel in uns auslöst, haben wenig mit ihr zu tun und viel mehr mit uns selbst. Dann gilt es, auszuhalten, auch wenn Bärbel in den nächsten Jahren nicht mit uns spricht. Sich aufkommende Gefühle in Ruhe ansehen, mit der eigenen Geschichte abgleichen und bei uns zu lassen, ist eine Kunst, die jeder lernen kann. Gelingt dies nicht allein, kann das Hinzuziehen von professioneller Hilfe ein guter Schritt sein.

Das schlechte Gewissen

Jeder von uns kennt das schlechte Gewissen. Diese Art der Schuldgefühle tauchen auf, wenn wir etwas tun oder auch nur denken, was nicht zu dem passt, von dem wir denken, was richtig wäre. Schon wird sichtbar – es ist ein komplexes Konstrukt. Es hat mit vielem zu tun, was in den vorherigen Kapiteln bereits thematisiert wurde – mit Glaubenssätzen, der Familiengeschichte, Bedürfnissen und Grenzen.

Es ist etwas, das nur schwer zu greifen ist und sich für jede Person sicherlich etwas anders anfühlt. Vor allem hat jede Person eine andere Reizschwelle, was das Aufkommen des schlechten Gewissens und der Schuldgefühle angeht.

Manche Menschen bekommen ein schlechtes Gewissen, wenn sie ihren Partner betrügen – andere nicht. Manche, wenn sie ihrem Gast nicht zuerst das Getränk eingeschenkt haben. Manche, wenn sie ihren Geschäftspartner um Millionen betrogen haben. Ganz viele, wenn sie sich bei ihrer Arbeitsstelle krank melden.

Jemand, dem es schwerfällt, den Fokus auf sich selbst zu legen, hat höchstwahrscheinlich mit einem schlechten Gewissen zu tun. Dabei kann ein schlechtes Gewissen sowohl anderen Menschen gegenüber auftreten, als auch sich selbst gegenüber. Das heißt, es kann ein schlechtes Gewissen entstehen, wenn wir weniger Sport gemacht haben, als wir uns eigentlich vorgenommen haben. Oder wenn wir der Freundin nicht beim Umzug helfen, obwohl wir schon zugesagt haben.

Das schlechte Gewissen können wir uns vorstellen wie eine moralische Instanz, die von gesellschaftlichen, kulturellen und spirituellen Normen und Werten geprägt ist. Diese Instanz bewertet und teilt in richtig und falsch ein, angemessen und unangemessen oder gut und böse. Wir beurteilen dabei unser Verhalten und das anderer Menschen. Das schlechte Gewissen kommt in der Regel aber nur von unserem eigenen Verhalten und Denken. Es entsteht ein innerer Konflikt.

Wer besonders empathisch ist, also sich gut in andere hinein versetzen kann, wird eher ein schlechtes Gewissen haben, als jemand, der die Gefühle anderer nicht so gut nachempfinden kann. Wer zudem perfektionistisch veranlagt ist und für den gute Leistung, egal in welchem Bereich, wichtig ist, für den ist es wahrscheinlicher, Ziele nicht zu erreichen. Auch in diesem Fall ist die Entstehung eines schlechten Gewissens wahrscheinlicher.

Ulrike Bossmann beschreibt in ihrem Buch „People Pleasing" drei Denkfehler, die ein schlechtes Gewissen befeuern können: Das *Schwarz-Weiß-Denken*, also, dass es nur ein Gut oder ein Schlechtes gibt und wenig dazwischen. Die *selektive Aufmerksamkeit* – es wird vornehmlich das gehört, was das schlechte Gewissen füttert. Und das *Gefühlsdenken*. Damit ist gemeint, dass ein Gefühl als Beweis dafür genommen wird, dass etwas wahr ist.

Stell dir vor, du hast einer Freundin zugesagt, dass du ihr beim Umzug helfen wirst. An dem Tag fühlst du dich aber nicht gut. Du sagst ihr nach viel hin und her überlegen ab.

Denkfehler 1: „Wer seine Freundin im Stich lässt, ist eine schlechte Freundin", wäre Schwarz-Weiß-Denken. Es gibt jede Menge Graubereich und Interpretationsspielraum zwischen einer guten und einer schlechten Freundin. Wenn einmal etwas dazwischen kommt, auch wenn schon zugesagt wurde, macht das niemanden zur schlechten Freundin.

Denkfehler 2: Die Freundin antwortet: „Oh, schade, ich hatte dich fest eingeplant für heute. Wir bekommen das schon hin. Hauptsache, dir geht es bald besser!" Welchen Satz wird die Person mit dem schlechten Gewissen wohl am ehesten hören? Richtig, den ersten. Das ist die selektive Aufmerksamkeit.

Denkfehler 3: Nach der Absage fühlst du dich mies. Du bist doch selbst erst umgezogen und brauchtest jede helfende Hand. Du hast das Gefühl, dass du schuld bist, wenn diese Freundin am Ende des Tages total erschöpft ist. Da du dich mies und schuldig fühlst, glaubst du, auch mies und schuldig zu sein. Das Gefühl ist der Beweis, dass etwas wahr ist.

Kritisch wird es, wenn Menschen mit psychischen Erkrankungen ein schlechtes Gewissen haben – aufgrund der Symptomatik der Krankheit. Ich erlebe es häufig, dass

Menschen mit Depressionen sich schlecht fühlen, weil sie es nicht zur Arbeit schaffen, sich nicht bei ihren Freunden melden oder es einfach nicht geschafft haben, aus dem Bett aufzustehen. Ähnliches erlebe ich bei Menschen mit Essstörungen.

Gerade bei Binge-Eating und Bulimie spüren die meisten Betroffenen ein schlechtes Gewissen, wenn sie es „wieder" nicht geschafft haben, den Essanfall abzuwenden und/oder sich nicht zu übergeben. Gerade, wenn es noch keine Diagnose oder Verständnis für die Erkrankung gibt, gehen die Betroffenen davon aus, dass sie sich nur mehr anstrengen müssten, damit sie endlich weniger Essen. Jedes Mal, wenn sie das nicht schaffen, bekommen sie ein schlechtes Gewissen. Das kann in einen Teufelskreis führen, der die Symptomatik weiter verstärkt.

Bei Menschen mit Magersucht ist das schlechte Gewissen meist ein großer Antreiber der Krankheit. Das schlechte Gewissen übernimmt mehr und mehr das Ruder. Jede Kalorie, die vermeintlich zu viel gegessen wurde und jeder Schritt, der zu wenig gegangen wurde, löst ein großes schlechtes Gewissen aus. Um diesem Gefühl zu entfliehen, halten sich Betroffene an die „Regeln", die selbst auferlegt wurden und die immer strenger werden. Die Spirale nach unten dreht sich zunehmend schneller, weshalb diese Erkrankung so gefährlich ist.

Dies lässt sich, in abgeschwächter Form, bei fast jedem

Vorsatz beobachten. Mehr Sport machen, gesünder ernähren, nicht mehr rauchen, weniger Dinge aufschieben, öfter die Eltern besuchen, sind die Vorsätze, die nicht nur an Neujahr beschlossen werden. Wenn diese Vorsätze nicht eingehalten werden, erreicht uns schnell das schlechte Gewissen. Manchen Menschen gelingt es, das auszublenden und sich Gründe zu überlegen, die das schlechte Gewissen minimieren sollen. „Es war wirklich stressig in letzter Zeit", ist wohl der häufigste. Das mindert die kognitive Dissonanz, der innere Konflikt wird behoben. Und das ist in Ordnung. Auch an dieser Stelle geht es um keine Bewertung oder einen erhobenen Zeigefinger. Es geht darum, zu verstehen, warum es so schwer ist, in die Veränderung zu gehen und wie das schlechte Gewissen dabei hilfreich sein kann.

ÜBUNG

Auch wenn es ein unangenehmer Zustand ist, das schlechte Gewissen auszuhalten, kann es doch ein wichtiger sein, um sich ein paar Fragen zu stellen:

» Welche Gefühle stecken dahinter? Ist es Wut (auf sich selbst oder andere) oder Angst?

» Wenn es Angst ist – wovor genau?

» Welche Glaubenssätze begleiten das schlechte Gewissen immer wieder?

» Wie wurde mit dem schlechten Gewissen in der Familie umgegangen? Gab es ein Muster, bei dem Familienmitglieder das schlechte Gewissen immer wieder genutzt haben, um ein Ziel zu erreichen?

- Bei dem Aufkommen welcher Bedürfnisse kommt das schlechte Gewissen dazu?
- Erscheint das schlechte Gewissen in Form einer Person? (zum Beispiel die Stimme der Mutter)

FALLBEISPIEL

Meine Klientin Miriam war immer wieder vom schlechten Gewissen geplagt. Sie hatte ständig das Gefühl, zu anstrengend für andere zu sein und zu viele Bedürfnisse zu haben. Sobald sie sich bei anderen Menschen den Raum nahm, über ihre Themen zu sprechen, bekam sie danach ein schwer auszuhaltendes schlechtes Gewissen. Sie hatte Angst, zu bedürftig gewesen zu sein und war wütend auf sich selbst, dass sie sich nicht zurückhalten konnte. Dies passierte ihr immer wieder. Die Konsequenz daraus war, dass sie sich weniger mit ihren Freunden getroffen hat, keine Beziehung eingehen wollte und sich nur den Raum zu jammern (wie sie es nannte) im therapeutischen Rahmen genommen hat. Bei der Exploration von Miriams Geschichte wurde deutlich, womit ihr schlechtes Gewissen zu tun hatte.

Miriam war 28 und hatte für ihr Alter eine eher ungewöhnlich enge Bindung zu ihren Eltern. Sie lebte allein, aber besuchte sie regelmäßig und telefonierte täglich mit ihnen. Sobald Miriam sich mit ihnen getroffen hat, spürte sie großen innerlichen Stress. Sie bekam das Bedürfnis, alles richtig zu machen und eine brave Tochter zu sein. Immer in der Hoffnung, von ihren Eltern gesehen und geliebt zu werden. Ist etwas schief gelaufen bei den Treffen, machte Miriam sich tagelang Vorwürfe. Als sie an einem Feiertag plante, mit ihren Eltern essen zu gehen, war es Miriams Aufgabe, einen Tisch zu reservieren. Im Restaurant angekommen, hatte der Kellner Miriams Reservierung nicht korrekt notiert. Die Konsequenz war, dass kein Tisch frei war und die Familie sich etwas anderes überlegen musste. Es gab für Miriam in dieser Situation theoretisch mehrere Möglichkeiten: Die Situationen so hinnehmen und eine Alternativlösung finden. Auf den Kellner sauer sein, da dieser einen Fehler gemacht hat. Oder sich selbst die Schuld geben.

Praktisch gab es für Miriam nur eine: sich Vorwürfe machen. Warum? Da die Eltern dies taten. Sie haben nicht ausgesprochen, wie sie die Situationen sehen, aber haben es dennoch deutlich kommuniziert. Sie haben noch im Restaurant hörbar geseufzt, sich zueinander gedreht, etwas leises zueinander gesagt. Außerhalb des Restaurants haben sie Miriam mitgeteilt, dass sie nun das Treffen abbrechen und sie sich nächste Woche wiedersehen können.

Miriam war bis zu unseren Sitzungen nicht bewusst, wie erbarmungslos das Verhalten ihrer Eltern war. Für sie war es normal. Seit sie klein war, wurde sie mit Liebesentzug bestraft. Dabei haben die Eltern immer zusammengehalten, gegen sie. Dass sie Einzelkind war, hat es noch schwerer gemacht. Es blieb ihr nichts anderes übrig, als die Schuld auf sich zu schieben. In ihrer Vorstellung musste das Verhalten ihrer Eltern mit ihr persönlich zu tun haben. Insbesondere ihre Mutter kommunizierte immer wieder, dass sie zu viel und zu anstrengend sei, sobald sie die Nähe und den Kontakt zu ihr suchte. Schon damals entstand bei Miriam das schlechte Gewissen, sobald sie etwas nicht richtig machte in den Augen ihrer Eltern. Und das war so gut wie alles, außer wenn sie ein sehr braves Mädchen war. Dieses schlechte Gewissen übertrug sich im Laufe der Zeit auf fast alle Bereiche ihres Lebens. Immer in der Angst abgelehnt zu werden, da dies als Kind fast unerträglich schmerzhaft für sie gewesen war.

Mit Miriam habe ich in den gemeinsamen Sitzungen zunächst am Verständnis für die Situation gearbeitet. Sie konnte sich schrittweise von ihrem schlechten Gewissen befreien, als sie verstanden hat, dass das Verhalten ihrer Eltern mit der Geschichte ihrer Eltern zu tun hatte und nicht mit ihrer. Trotzdem war es ein schmerzhafter Prozess zu verstehen, dass ihre Eltern nie die Eltern sein werden, die sie sich gewünscht hat. Von der Position heraus konnten wir an ihren Glaubenssätzen und Ressourcen arbeiten. Die Methode der Externalisierung kam hier zu tragen, weshalb ich diese gerne näher erläutern möchte.

Das schlechte Gewissen greifbar machen (die Methode der Externalisierung)

Die Methode der Externalisierung ist eine sehr effektive Methode, die ich gerne in meiner beraterischen und therapeutischen Arbeit nutze. Nicht nur im Zusammenhang mit dem schlechten Gewissen oder dem inneren Kritiker, kann die Methode der Externalisierung hilfreich sein. Betrachtet wird dabei die wechselhafte Beziehung zwischen Klient und Problem. Ich möchte sie aber an diesem Beispiel erklären.

Grafik aus meinem Instagram Account „die.systemische.therapeutin" zum Thema Externalisieren

Wenn eine Klientin wie Miriam zu mir kommt und ein Problem beschreibt, wie das ständige schlechte Gewissen, sprechen wir zunächst genauer darüber. Wenn es sich anbietet, bitte ich die Klientin einen Stuhl zu nehmen, der das schlechte

Gewissen repräsentiert und ihn im Raum zu platzieren. Die Klientin selbst bleibt auf ihrem eigenen Stuhl. Nun ist das Problem ausgelagert, es wurde externalisiert. Die Klientin ist nicht mehr ihr Problem, sie hat es. Visuell sichtbar im Raum platziert. Anstelle des Stuhls kann im Prinzip auch jedes andere Symbol genutzt werden. Gerade in Online-Sitzungen versuche ich eher, Bilder im Kopf zu erarbeiten. Das schlechte Gewissen könnte zum Beispiel ein kleiner Hamster sein, der sich im Ärmel versteckt. Kaum passiert etwas, was das schlechte Gewissen füttert, füllen sich die dicken Backen des Hamsters und er krabbelt auf unsere Schulter. Im ersten Schritt würden wir ihn gedanklich von der Schulter nehmen und ihn vor uns setzen, damit wir ihn gut sehen können.

Die Klientin hat dadurch die Möglichkeit, sich ihr Problem genau anzusehen und in den Dialog zu gehen. Hilfreich kann es zudem sein, dem Problem einen Namen zu geben. Das schlechte Gewissen könnte zum Beispiel SchleGi heißen. Dann wäre die erste Veränderung, dass aus dem Satz „Ich habe ein schlechtes Gewissen" der Satz „SchleGi hat mich heute wieder fest im Griff" wird.

Als Therapeutin kann ich dazu einige Fragen stellen. Wie lange es SchleGi schon gibt, wie vertraut es sich anfühlt, ob SchleGi zu nah oder zu weit weg sitzt. Dem Problem können auch Eigenschaften zugesprochen werden (nervig, anstrengend, beschützend, hilfreich etc.).

Im nächsten Schritt können die Auswirkungen des

Problems erkundet werden. Mit Fragen wie: „Welche Auswirkungen hat das schlechte Gewissen auf die Partnerschaft/Freundschaft/Arbeitsbeziehung?", „Welche Auswirkung auf große und kleine Entscheidungen?"
Ist die Auswirkung geklärt, kann der Einfluss auf das Problem erörtert werden. Also, wie viel Einfluss kann eine Klientin selbst auf das schlechte Gewissen nehmen, gibt es eine Möglichkeit, es ein wenig leiser zu machen?

Während die Methode des Externalisieren angewandt wird, ist es möglich, dass Klient*innen direkt mit dem Problem in den Dialog geht. Mit Fragen wie „Hey schlechtes Gewissen, was muss ich tun, damit du weniger laut bist in Situation xy?" Klient*innen können in dem Fall Plätze tauschen und sich in das eigene schlechte Gewissen hineinversetzen und sich die Antworten selbst geben.

Diese Methode mag etwas befremdlich wirken, wenn man nur von ihr liest und sie noch nicht ausprobiert hat. Die meisten meiner Klient*innen können sich erstaunlich schnell auf dieses Rollenspiel zwischen ihnen selbst und dem Problem einlassen.

Einerseits, weil Betroffene anfangen, zu verstehen, dass das Problem einen Nutzen und eine Funktion hat und nicht nur problematisch ist. Andererseits, weil eine Erleichterung eintritt, wenn spürbar wird, dass sie nicht das Problem sind und Einfluss darauf haben.

Besonders hilfreich ist diese Methode zudem, wenn Familien zur Beratung kommen. Sucht beispielsweise eine Familie Hilfe, da eine Tochter an Magersucht erkrankt ist, kann es für alle sehr erleichternd sein, diese Magersucht zu externalisieren. Sie wird im Raum für alle sichtbar, besprechbar und veränderbar. Die Tochter ist damit nicht mehr in der Rolle der Kranken.

ÜBUNG:

Wer für die Methode nicht zu einem Berater oder Therapeuten gehen möchte oder kann, kann dies auch bei sich zu Hause ausprobieren. Das Schreiben eines Briefes an innere Anteile oder Schwierigkeiten ist auch eine Form der Externalisierung. Das kann nützlich sein, um eine Distanz zu einem Symptom herzustellen und eine neue Perspektive zu bekommen. Dabei kannst du deinem Symptom/Problem aus deiner Sicht schreiben und selbst antworten. Beides bringt neue Sichtweisen und oft einen liebevolleren Blick auf sich selbst.

Damit dies nicht zu abstrakt bleibt, gibt es im Folgenden ein Beispiel. Es ist ein Brief, der von „Unsicherheit“ zurückgeschrieben wurde.

Die Frage der Klientin war:

Hey Unsicherheit,
wo kommst du eigentlich her und wieso machst du es mir manchmal so schwer?

Und das war die selbstgeschriebene Antwort aus der Perspektive der Unsicherheit:

Hallo du,
wie schön, dass du fragst!
Woher ich komme, möchtest du wissen? Nun, du warst schon als Kind ein bisschen vorsichtiger. Hast deine Umgebung genau beobachtet, wolltest es richtig machen.
Weißt du noch damals, als du das Gefühl bekamst, nicht zu genügen? Als dir gesagt wurde, dass es schöner mit dir wäre, wenn du anders wärst?
Als die Kinder in deiner Klasse dich ausgelacht haben? Oder als du dich irgendwie nicht so richtig einreihen konntest?
So bin ich langsam ein Teil deines Lebens geworden. Ich habe dir manchmal leise und manchmal laut gesagt, dass wir uns etwas nicht gewachsen fühlen. Dass wir es nicht verdient haben. Anders sein müssten. Du hast dich oft wegen mir geärgert. Dir den Kopf zerbrochen.
Du wolltest bloß nicht, dass jemand merkt, dass ich da bin. Hast auf Dinge verzichtet, um mich nicht fühlen zu müssen. Hast versucht, mich zu verstecken. Du dachtest, alle anderen wären so sicher mit sich. Nur du nicht.
Soll ich dir was verraten? Jeder ist mal unsicher. Jeder versucht, Unsicherheit zu verstecken. Denn Unsicherheit bedeutet für die meisten Menschen Schwäche. Manche haben gelernt, mit ihr umzugehen.
Hast du schon mal erlebt, wie jemand in einer schwierigen

Situation offen mit einer Unsicherheit umgegangen ist?
Lass mich raten: Du fandest das nahbar, authentisch und charmant. Richtig?
Wieso bist du mit dir selbst so streng?
Ich gehöre zu dir und habe dir Orientierung gegeben. Ich möchte aber nicht dein Leben bestimmen. Denn ich muss zugeben, ich übertreibe. Oft.
Wie in jeder Freundschaft, möchte ich dich manchmal warnen und du kannst mich jederzeit um Rat fragen. Ich bin an deiner Seite und für dich da.
Aber ich will, dass du deinem Herzen folgen kannst. Dass du deinen Traum verwirklichen kannst. Dich von mir nicht gehindert fühlen musst. Ich erlaube es dir.
Deine Unsicherheit

Wenn das Schreiben eines Briefes dir nicht zusagt, kannst du auch einen Gegenstand, den du Zuhause hast oder dafür besorgst, nutzen, um ihm das Problem zuzuschreiben. Wenn diese eine ungeliebte Vase dein schlechtes Gewissen wird, kannst du versuchen mit ihr in den Dialog zu gehen und ihr einen guten Platz in deiner Wohnung zu geben. Dieser Platz kann sich im Laufe der Zeit ändern. Ist sie Anfangs immer sichtbar im Regal, verschwindet sie vielleicht irgendwann im Schrank.

Wenn du gerade ein besonders schlechtes Gewissen hast, nimm dir die Vase zur Hand und spür hin, welche Gedanken und Gefühle aufkommen. Das kann hilfreich sein, um aus einem abstrakten und diffusen Gefühl zu mehr Klarheit und Distanz zu kommen.

Der innere Kritiker – ein Teil des inneren Teams

Systemisch gesprochen, sind das schlechte Gewissen und der innere Kritiker sich sehr nah. Das schlechte Gewissen ist häufig begleitet von der Stimme des inneren Kritikers. Das ist die Stimme im Kopf, die spricht, wenn wir uns etwas nicht zutrauen oder mit etwas nicht zufrieden sind. Er neigt zu übermäßiger Selbstkritik und Negativität. Personen, die den Fokus nicht gut auf sich selbst legen können, hören ihren inneren Kritiker oft ziemlich deutlich.

Der innere Kritiker kann als Teil des inneren Teams verstanden werden. Friedemann Schulz von Thun prägte dieses Konzept. Gemeint sind damit verschiedenen Persönlichkeitsanteile oder innere Stimmen, die jede Person in sich trägt.

Diese Anteile stehen stellvertretend für die unterschiedlichen Persönlichkeitseigenschaften und Bedürfnisse in uns. Dabei hat jedes Mitglied des Teams individuelle Eigenschaften, mit ganz unterschiedlichen Charakteren.

Wie in jedem Team schaffen es einige, gut miteinander zu arbeiten, während andere sich gegenseitig einschränken oder bekämpfen.

Das innere Team agiert wie Schauspieler auf einer Theaterbühne. Es sind selten alle auf der Bühne, meist sind es nur ein paar, der Rest ist hinter dem Vorhang und nicht hörbar. In unterschiedlichen Situationen sind also andere Anteile spürbar.

Genutzt wird diese Methode bei inneren Konflikten, wichtigen Entscheidungen oder dem Wunsch nach Verhaltensänderungen. Das Konzept des inneren Teams kann Ambivalenzen leicht sichtbar machen und ist lösungs- und ressourcenorientiert.

FALLBEISPIEL

Tina kam als Klientin zu mir, da sie sich nach ihrem abgeschlossenen Studium zur Architektin nicht traute, sich für Jobs in ihrer Branche zu bewerben. Ihre Abschlussnote war nicht so gut, wie sie es sich erhofft hatte, und sie hatte Angst davor, in der Berufswelt zu versagen. Seit über einem Jahr hielt sie sich mit ihrem Job als Kellnerin über Wasser und mit jedem verstrichenen Monat wuchs ihre Angst, sich zu bewerben. Wir versuchten diesen inneren Konflikt mit Hilfe des inneren Teams zu erörtern. Gemeinsam identifizierten wir ein paar Teammitglieder, die wichtig zu sein schienen:

» *Die innere Kritikerin*, die nicht an die erworbenen Fähigkeiten glaubt und Tina einredet, nicht gut genug zu sein.

» *Die Ängstliche,* die sich vor allem vor sozialen Bewertungen sehr scheut.

» *Die Ehrgeizige,* die sie durch das Studium getragen hat und den Wunsch hat, Karriere zu machen.

» *Die Konfliktscheue,* die kaum ihre Bedürfnisse äußert, wenn dies Konflikte auslösen könnte.

» *Die Freiheitsliebende,* die feste Strukturen einengend findet und sich die Zeit gern selbst einteilt.

» *Die Überforderte,* die schon im Studium oft zu Wort kam und sich nicht bereit fühlt für die „echte Welt".

» *Die Sicherheitsliebende,* die ein sich eine feste Anstellung und Planbarkeit wünscht.

» *Die Mutige,* die schon für viele Abenteuer auf Reisen gesorgt hat.

» *Die Kreative,* die gerne gestaltet und gut darin ist, etwas zu erschaffen.

» *Die Lustige,* die für gute Laune sorgt und ein bisschen frech ist.

An Tinas inneren Anteilen wird gut sichtbar, warum sie sich in einem inneren Konflikt befindet. Sie hat einerseits das Gefühl, nicht gut genug zu sein, Angst vor Bewertung und ist überfordert. Andererseits ist sie ehrgeizig und möchte einen sicheren Beruf. Ein Aspekt, der bis dahin im Gespräch noch nicht so deutlich wurde, aber durch diese Methode zum Vorschein kam: Tina ist freiheitsliebend und scheut sich vor festen Strukturen. Den Anteil der Freiheitsliebenden versucht sie zurückzuhalten, da die Sicherheitsliebende und die Ängstliche für sie spürbarer sind. Es ist also nicht nur ihr innerer Kritiker, ihre Angst und ihr Ehrgeiz, die es ihr schwer machen, sich für eine feste Stelle zu bewerben. Der Freiheitsliebenden zuzuhören, hat spannende Erkenntnisse gebracht. Diese wurde in Tinas Leben von klein auf hinter den Vorhang verbannt. Ihre Mutter sagte oft zu Tina: „Lerne was Anständiges, das dir ein stabiles Einkommen sichert" und „Mach dich bloß nicht so wie ich abhängig von einem Mann, verdiene genug für dich selbst!"

Also hat Tina etwas Anständiges studiert. Vor dem Studium war sie auf Reisen und hat hier und da gearbeitet. Schon damals hat sie gemerkt, wie viel Freude es ihr bringt, viel Abwechslung zu haben, ihre Zeit frei einzuteilen und weiterzuziehen, wenn sie etwas Neues erleben möchte. Während des Studiums hat sie begonnen, in einem Café zu kellnern und ist bis heute dabei geblieben. Sie darf sich in dem Café kreativ ausleben und sich selbst für ihre Schichten eintragen. Sie hat Spaß mit den Gästen zu interagieren. Ihr kreativer und lustiger Anteil findet dort Platz. Tina dachte, als Architektin kann sie kreativ arbeiten und es sei ein sicherer Beruf. Als sie im Rahmen des Studiums ein Praktikum in einem Architekturbüro gemacht hat, war sie mit festen Arbeitszeiten, langweiligen Aufgaben, langen Arbeitstagen und wenig Wertschätzung konfrontiert. Ihr innerer Kritiker wurde laut: „Du kannst das alles nicht, du bist nicht für diesen Beruf gemacht! Du hast umsonst studiert!". Die Ängstliche und die Konfliktscheue traten dazu auf die Bühne. Die Lustige, die Kreative und die Mutige wurden ganz still. Tina wurde unglücklich und zweifelte all ihre Entscheidungen an.

Als Tina das klar wurde, fing sie bereits an, innerlich an einer Lösung zu arbeiten. Dadurch, dass alle Anteile wieder spürbar für sie waren, war sie in der Lage ihr Problem aus einer anderen Perspektive zu betrachten. Sie überlegte sich eine kreative und mutige Lösung, die trotzdem ihr Sicherheitsbedürfnis und ihren Ehrgeiz befriedigten. Der innere Kritiker und die Ängstliche traten dadurch in den Hintergrund. Tinas Lösung war es, freiberuflich als Architektin anzufangen und ihren Kellnerjob noch nicht aufzugeben. Sie hat verstanden, dass sie sich nicht sofort festlegen muss und ihre Vorstellung, in einem verstaubten Architekturbüro zu versauern, nicht der einzige Weg ist. Am Beispiel von Tina wird gut sichtbar, wie effektiv diese Methode Lösungen und Ressourcen hervorbringen kann.

Ein Hinweis an der Stelle: Es gibt verschiedene Arten, mit dem inneren Team zu arbeiten. Im Beispiel habe ich das Konzept so genutzt, dass es für die Klientin und ihren Fall gut gepasst hat. Wer sich über die Ursprungsmethode genauer informieren möchte, dem kann ich die Bücher von Friedemann Schulz von Thun dazu empfehlen.

ÜBUNG:

Denke an eine konkrete Situation aus deinem Alltag, in der du gerne mehr für dich eingestanden wärst, dich aber nicht getraut hast. Welche deiner Anteile sind in dieser Situation besonders präsent und welche nicht? Welche Anteile würdest du lieber ein bisschen in den Hintergrund schieben und welche mehr in den Vordergrund?

Wer sich seine inneren Anteile liebevoll ansieht, wird nicht nur welche finden, die hinderlich scheinen, sondern auch welche, die förderlich und positiv sind. Es geht darum, möglichst vielfältige Persönlichkeitsanteile zu finden. Das kann den Selbstwert stärken, da dadurch Ressourcen aktiviert werden.

Selbstwert stärken – Ressourcen finden

Den Selbstwert zu stärken, ist ein maßgeblicher Einflussfaktor für die Verbesserung der psychischen Gesundheit. Auch bei der Grenzsetzung ist der Selbstwert entscheidend. Das heißt, es lohnt sich für das eigene Wohlbefinden, sich dem Thema anzunehmen.

Je stärker der Selbstwert, desto eher ist es möglich, die Welt um sich selbst drehen zu lassen. Ressourcen spielen eine wichtige Rolle bei der Steigerung des Selbstwerts und zur Überwindung schwieriger Lebensereignisse.

Aber was sind Ressourcen? Ressourcen sind übersetzt „Mittel“. Sie umfassen all das, was eine Person zur Verfügung hat, um Situationen zu beeinflussen, handlungsfähig zu bleiben und unangenehme Situationen zu meistern. Dabei gibt es unterschiedliche Arten von Ressourcen. Psychische Ressourcen umfassen unter anderem individuelle Handlungskompetenzen, die Fähigkeit zur Selbstregulation und Widerstandsfähigkeit.

In der Psychotherapie spielt die Erarbeitung von Ressourcen eine wichtige Rolle. In Ansätzen der systemischen Therapie wird angenommen, dass im System schon alle Ressourcen vorhanden sind, um ein Problem zu lösen. Sie sind nur ungenutzt. Demnach bleiben Ressourcen ungenutzt aufgrund unserer subjektiven Wahrnehmung über uns selbst. Jede*r von uns erschafft sich ein Selbstbild, also eine eigene Wirklichkeit, die aus Erfahrungen und Überzeugungen über uns selbst besteht. Das, was wir über uns wissen und denken, also über unsere Fähigkeiten, Begabungen und Defizite, ist aus unzähligen Geschichten entstanden, die wir uns selbst und unserer Umwelt immer wieder erzählt haben. Das hieße, das Leben, das wir führen, hängt davon ab, welchen Geschichten wir die größte Aufmerksamkeit schenken und geschenkt haben.

Um die Ressourcen zu finden, ist es nicht notwendig, sich lange mit dem Problem zu beschäftigen, die Lösung wird in den Mittelpunkt gerückt. Der Blick wird nicht auf das gerichtet, was fehlt, sondern auf das, was da ist.

FALLBEISPIEL

Als meine Klientin Sonja zu mir kam, hatte sie einen klaren Auftrag: Sie wollte sich in der Arbeit besser fühlen, sich ihrem Chef gegenüber klarer positionieren, der sie unfair und nicht auf Augenhöhe behandelte. Bisher wollte es ihr nicht gelingen, sich im Arbeitsalltag nicht mehr so „unterbuttern zu lassen", wie sie es nannte. Es gab in ihrer Abteilung nur sie und ihren Chef, sie arbeitete ihm zu und so bekam auch sonst keiner mit, was zwischen den beiden ablief. In der Regel war es so, dass Sonjas Chef ihr jede Menge Aufgaben gab, die eigentlich Arbeiten für eine Assistentin gewesen wären – obwohl Sonja Volljuristin war. Hatte sie eine Frage an ihn, verdrehte er die Augen und hörte nicht richtig zu. Er gab ihr unpassende Kosenamen und machte einen großen Aufstand, wenn ihr ein Fehler unterlief. Obwohl er selbst haufenweise Fehler machte.

Nun galt es herauszufinden, warum es Sonja nicht gelang, etwas an der Situation zu ändern. Sie war nämlich in allen anderen Bereichen ihres Lebens durchaus durchsetzungsstark und klar positioniert. Die Ressourcen, die sie in den Bereichen Familie, Beziehung und früher in der Schule aktivieren konnte, konnte sie im Zusammenspiel mit ihrem Chef nicht aktivieren.

Daran waren in ihrem Fall ihre Familiengeschichte und daraus resultierende Glaubenssätze verantwortlich. Sie hatte im Studium nicht die besten Noten und war deshalb froh, überhaupt eingestellt worden zu sein. Das meiste in ihrem Leben ging ihr leicht von der Hand – im Studium war das plötzlich anders. Da ihr Vater, mit dem sie kaum Kontakt hatte, Anwalt war, war für sie klar, dass das auch ihr Weg ist. Wenn ich Klienten frage, ob der Satz „Wenn ich dir schon nicht nah sein kann, dann bin ich halt wie du", für sie passt, sind die meisten sehr berührt. Auch Sonja wollte dem Vater, der sich früh von der Familie abgewandt hat, nah sein. Da sein Beruf für ihn immer an erster Stelle stand, entschied sie sich dafür, in seine Fußstapfen zu treten. In der unbewussten Hoffnung, dadurch ein Stück der Sehnsucht zu erfüllen, die seine Abwesenheit zurückgelassen hat.

Sie kämpfte sich durch das Studium, auch wenn sie recht bald merkte, dass ihr sowohl der Inhalt, wie der Aufbau und die Kommilitonen, wenig zusagten. Als sie das zweite Staatsexamen knapp bestand, war sie froh, dass es vorbei war. Und suchte sich bald eine Stelle als Anwältin. Sie war von sich selbst nicht überzeugt und nahm das erste Angebot an. Warum war sie nicht überzeugt von sich und ihrer Leistung? Weil all das nicht ihrer Person entsprach und sie aus einem Defizit heraus eine Entscheidung getroffen hat. Ihr Chef behandelte sie zudem abweisend – so wie es ihr Vater getan hat. Sie hatte das Gefühl, nichts anderes verdient zu haben. Einerseits, weil sie nicht die vermeintlich erwartete Leistung im Studium erbrachte und andererseits, weil sie es nicht anders kannte. Ihr Chef bediente genau dieses Gefühl.

Das musste Sonja zunächst verstehen. Wichtig war dabei ein Perspektivwechsel. Wieso war ihr Chef überhaupt so?

Methodisch konnten wir erarbeiten, dass das Verhalten ihres Chefs nichts mit ihr zu tun hatte, sondern er sich in seiner Karriere immer wieder frische Absolventinnen suchte, die er von oben herab behandelte und ihnen Assistenzaufgaben gab. Es hatte also nichts mit ihr oder ihrer Leistung zu tun. Als Sonja dann verstand, dass diese Behandlung bei ihr aufgrund ihrer Geschichte auf fruchtbaren Boden fiel, war es Zeit, Ressourcen zu aktivieren. Wir machten uns auf die Suche nach ihren Ressourcen, die sie in anderen Lebensbereichen anwenden konnte. In ihrer Familie und Beziehung war sie durchsetzungsstark und traute sich das auszusprechen, was sie fühlte. In der Schule war sie voller Selbstvertrauen und hatte wenig Angst zu scheitern. Gemeinsam stellten wir uns vor, wie ihre Zukunft aussehen könnte. Nach und nach gelang es Sonja, ihre Ressourcen auch im beruflichen Umfeld zu aktivieren. Schnell bemerkte sie, dass sie ihrem Chef gegenüber kritischer wurde, sich traute, ihn auf sein Verhalten hinzuweisen und schließlich die Stelle wechselte. Es passte nicht mehr zwischen den beiden.

In der systemischen Therapie werden verschiedene Arten von Ressourcen betrachtet, die dazu dienen, Fähigkeiten, Stärken und Potenziale zu erkennen und zu aktivieren.

Innere (personale) Ressourcen:

Fähigkeiten und Kompetenzen

Dazu zählen alle individuellen Fähigkeiten, Stärken und Kompetenzen. Diese Ressourcen sind für vieles Alltägliches wichtig, wie die Problemlösung, Kommunikation oder Aktivierung von Kreativität. Auch die kognitiven Ressourcen gehören dazu, wie Bildung und Wissen. Aber auch die Fähigkeit, empathisch zu sein, also sich in andere Menschen hineinzuversetzen und mitfühlend zu reagieren.

Lösungsorientierung:

Damit ist die Fähigkeit zur lösungsorientierten Denkweise und die Suche nach positiven Lösungen in schwierigen Situationen gemeint.

Kommunikationsfähigkeiten:

Gut und klar kommunizieren zu können, kann Missverständnissen vorbeugen und helfen, soziale Systeme zu stärken.

Flexibilität und Anpassungsfähigkeit:

Die Fähigkeit, sich an Veränderungen anzupassen und flexibel auf neue Herausforderungen zu reagieren, kann sehr hilfreich sein, wenn sich Lebensumstände unerwartet verändern.

Reflexionsvermögen:

Die Fähigkeit zur Selbstreflexion und zur Reflexion über

familiäre Dynamiken, ist dann hilfreich, wenn es um die Erkennung von Mustern und eigenen Anteilen geht.

Körperliche Ressourcen
Damit ist das körperliche Wohlbefinden gemeint, also Gesundheit und die Fähigkeit zur Bewegung. Aber auch Entspannung durch ausreichenden Schlaf und Pausen.

Zukunftsorientierung:
Wer positive Zukunftsvisionen entwickeln kann, kann sich klarere Ziele setzen, sich Veränderung besser vorstellen und optimistischer auf die Zukunft blicken.

Spirituelle/religiöse Ressourcen:
Auch spirituelle Überzeugungen können als unterstützende Ressource dienen, die Sinngebung und Resilienz fördert. Dazu zählt Religion genauso wie der Glaube an andere spirituelle Konzepte.

Äußere Ressourcen:

Einteilung zeitlicher Ressourcen:
Sich seine Zeit so einzuteilen, dass eigene Bedürfnisse neben all dem anderen, was im Leben Zeit einfordert, genug Platz finden, kann dabei helfen, zufriedener zu werden.

Berufliche Ressourcen:
Das Vorhandensein eines Ausbildungs- oder Arbeitsplatzes, ein Gefühl von Kontrolle über Arbeit, passende Arbeitsbedingungen und wertschätzende Kollegen gehören zu den beruflichen Ressourcen.

Finanzielle und materielle Ressourcen:
Finanzielle Stabilität und Sicherheit können sowohl für das eigene Wohlbefinden wichtig sein als auch für den Zugang von allerlei Dingen, die wichtig sind für die Weiterentwicklung und Selbstverwirklichung. Auch die Wahl des Wohnortes und Wohnraumes zählen dazu.

Soziale Ressourcen:

Damit ist die gesamte Unterstützung durch Familie, Freunde, Gemeinschaft und andere soziale Netzwerke gemeint. Soziale Beziehungen können emotionale Unterstützung bieten.

Zwischen den Ressourcen gibt es Wechselwirkungen und sie sind auch nicht so genau voneinander abzugrenzen. Diese Unterteilung kann hilfreich sein, wenn es um die Erkennung der eigenen Ressourcen geht.

Manchmal ist es nicht so leicht, seine eigenen Ressourcen zu finden und anzuerkennen. Viele Menschen glauben, dass sie kaum Fähigkeiten besitzen und wenig wert sind. Gerade dann, wenn der eigene Selbstwert niedrig ist, kann es schwer fallen, positive Anteile an sich zu finden. Es ist auch möglich, dass die Suche nach Ressourcen ein Gefühl von Scham auslösen kann, da es vielen Menschen unangenehm ist, etwas gut zu können oder etwas zu haben. Gerade Menschen, deren Welt sich nicht um sie selbst dreht, können von der Klarheit der eigenen Ressourcen sehr profitieren, um sich selbst mehr ins Zentrum des eigenen Lebens zu rücken.

ÜBUNG

Vielleicht hast du beim Lesen der verschiedenen Ressourcen schon an dich selbst gedacht. Du kannst dir jetzt einen Zettel und einen Stift nehmen oder dies auch nur in Gedanken durchgehen. Wenn du all diese Arten noch einmal liest, kommen dir spontan ein paar Ressourcen in den Kopf, die du an dir und in deinem Leben feststellen kannst?

Sicherlich fallen dir noch mehr Ressourcen bei der folgenden Übung ein. Bei der Methode des Lebensflussmodell wird in der systemischen Therapie ein besonderes Augenmerk auf die Sammlung von Ressourcen gelegt. Dabei wird ein Seil auf den Boden gelegt und das Leben mit all seinen Höhen und Tiefen visuell dargestellt. Das lässt sich am besten mit einer Fachperson machen.

Was du dir aber im Hier und Jetzt vorstellen kannst, ist Folgendes:

» Denke an drei Ereignisse in deinem Leben, die herausfordernd für dich waren, die du aber überwinden konntest.

→ Was für dich herausfordernd war, ist sehr individuell und unterliegt keiner Bewertung! Was sich schwierig angefühlt hat, war auch schwierig. Das kann zum Beispiel ein Schulwechsel gewesen sein, die Trennung der Eltern oder vom Partner, Liebeskummer, Mobbingerfahrung, Ablehnung, die Wahl der Ausbildung oder des Studiums, Verlust eines Menschen, die Geburt eines Kindes, Überwindung oder Akzeptieren von psychischen und physischen Krankheiten, weitere plötzliche Veränderungen, Momente des Scheiterns oder andere einschneidende Erlebnisse.
Wenn du deine drei Erlebnisse gefunden hast, überlege, was dir geholfen hat, diese Herausforderungen zu überstehen. Welche deiner Ressourcen waren hilfreich, um jede einzelne Herausforderung zu überwinden? Welche davon konntest du aktivieren? Schaue dazu gerne nochmal die Arten der Ressourcen an. Es ist möglich, dass du bei deiner ersten Krise Ressourcen aktivieren konntest, die du bei der Zweiten und Dritten gebraucht hast.

→ Extra Tipp: Schreibe diese Ressourcen auf und platziere sie sichtbar im Raum, damit du sie nicht vergisst!

Damit es nicht zu abstrakt bleibt, möchte ich ein persönliches Beispiel geben. Als ich als junge Erwachsene an einer Essstörung erkrankte, konnte ich diese mit Hilfe einer stationären und anschließenden ambulanten Therapie überwinden. Welche Ressourcen haben mir geholfen?

» Entscheidungsfreude: Bei den wichtigen Dingen gelingt es mir meistens, Entscheidungen zu treffen, die auch feststehen. So war es mit der Entscheidung, mir intensive Hilfe zu holen und in die Klinik zu gehen.

» Realistische Einschätzung: Ich habe erkannt, dass ich krank bin und es an der Zeit ist, sich Hilfe zu suchen. Ich habe eingesehen, dass sich das Problem nicht von alleine löst und ich es allein nicht schaffen werde.

» Mut: Ich hatte große Angst davor, die Therapie zu machen und die Essstörung loszulassen. Trotzdem habe ich den Schritt gewagt. Ich habe während der Therapie den Mut nie ganz verloren, was mich hat weitermachen lassen.

» Selbstvertrauen: Ich hatte große Angst davor, zu scheitern und war nicht sicher, ob ich das schaffen kann, aber ich habe es trotzdem probiert.

» Humor: Nach einer Weile in der Therapie konnte ich das Thema Essstörung auch mal mit Humor betrachten.

» Zukunftsvision: Ich konnte und wollte mir ein Leben ohne Essstörung vorstellen.

» Wissen: Ich wusste, wo es Hilfe gibt und welche Schritte ich gehen muss, um diese zu bekommen.

» Beziehung: Ich hatte einen Partner, der mich intensiv unterstützt hat in der Zeit der Essstörung und der Therapie. Zudem standen meine Familie und Freunde hinter mir. In der Therapie konnte ich freundschaftliche Beziehungen zu einigen Mitpatientinnen aufbauen.

» Vertrauen: Ich habe den Therapeutinnen, die mich behandelt haben, darin vertraut, dass sie wissen, was sie tun und mir helfen können.

» Finanzielle Ressource: Meine Eltern haben mich finanziell unterstützt in der Zeit der Therapie.

Mit welchen Ressourcen kannst du dich identifizieren? Wenn dir selbst nicht viel einfällt, kannst du eine nahestehende Person bitten, dir mit der Aufgabe zu helfen. Wir sind manchmal blind für unsere eigenen Stärken oder trauen uns nicht, uns in ein gutes Licht zu rücken. Auch das ist ein wichtiger Schritt, um den Fokus auf dich selbst zu legen!

Umsetzung

In den vorherigen Kapiteln habe ich einige Übungen beschrieben, die vielleicht schon die ein oder andere Kenntnis gebracht haben. Vielleicht konnten ein paar Ressourcen erkannt und Grenzen definiert werden. Vielleicht waren Fallbeispiele dabei, die an die eigene Geschichte erinnern. So wie auch in meiner therapeutischen Arbeit, rege ich lieber zum Nachdenken und zum Reflektieren an, als Ratschläge oder Anleitungen zu geben. Wer selbst Lösungen erarbeitet, erhält das Gefühl von Selbstwirksamkeit, erlebt sich in seiner Problemlösekompetenz und fördert das Selbstvertrauen. Eigene Lösungsstrategien zu finden, ist zudem viel nachhaltiger in der Wirkung.

Ich möchte nicht die Illusion schaffen, dass mit einem bestimmten Satz, einer Erkenntnis oder einem 10-Punkte-Plan alles anders wird und es plötzlich leicht fällt, den Fokus auf sich selbst zu legen. In so einer Veränderung können eine Menge Arbeit, Schmerz und unschöne Gefühle stecken. Den Fokus immer mehr auf sich selbst zu legen, ist ein Prozess, der nicht über Nacht passiert. Persönlichkeitsentwicklung hört nicht auf, sie erstreckt sich über das gesamte Leben. Jede Person darf für sich definieren, ob es für sie noch Verbesserungspotential gibt oder ob es okay ist, wie es ist. Es gibt Phasen im Leben, in denen dieses Thema stärker auftritt als in anderen. Vor allem dann, wenn die äußeren Umstände es schwerer machen, sich um sich selbst zu kümmern, weil jemand oder etwas unsere Aufmerksamkeit braucht. Es kann Motivationsschübe geben, sich dieses Themas endlich anzunehmen, die dann wieder verschwinden. Es kann Rückfälle in alte Muster geben und das Gefühl entstehen, dass noch nichts erreicht wurde. All das ist in Ordnung. Wenn jedoch der Leidensdruck sehr groß ist, empfehle ich, sich Hilfe zu holen.

In diesem letzten Teil des Buches möchte ich weitere praktische Impulse geben, die dabei hilfreich sein können, den Schritt weiter in die gewünschte Richtung zu gehen. Zudem ist es wichtig, die Frage zu klären, was ist, wenn die Umsetzung allein nicht gelingt und der Leidensdruck groß ist.

Familiäre Verstrickungen lösen

Um sich aus Verstrickungen im Familiensystem zu lösen und Glaubenssätze zu verändern, braucht es zunächst einen Blick in die Vergangenheit. Verstrickungen zu erkennen und zu lösen, kann dabei helfen, die Welt mehr um sich selbst drehen zu lassen. Nur ist auch das nicht so leicht. Es gibt keine standardisierte Anleitung dazu, wie das gelingen kann. Vielleicht gab es bis hierhin schon den ein oder anderen Impuls, der hilfreich war, um bestimmte Muster und Glaubenssätze an der eigenen Person oder in der Familiendynamik zu erkennen. Das Erkennen ist immer der erste Schritt. Die eigenen Familiengeschichte zu erforschen, kann sehr interessante Erkenntnisse bringen, die wiederum wichtig für die Gestaltung des eigenen Lebensskripts sind und wie ein Wegweiser fungieren können. Verstrickungen müssen nicht immer gelöst werden – es ist auch gut, sie ein wenig zu lockern.

Wenn es möglich ist, kann ich nur empfehlen, die Eltern nach gewissen Themen in der Familie zu befragen oder sie bitten, sie aufzuschreiben. Sollte dies mit den eigenen Eltern nicht (mehr) möglich sein, gibt es vielleicht einen anderen Verwandten, der Auskünfte über die eigene Familiengeschichte geben kann. Wenn auch das nicht möglich ist, kann man für sich selbst überlegen, was man über die eigene Geschichte weiß oder herausfinden kann. Themen wie Flucht, Migration, Kriegserfahrungen, Ehen und Beziehungsverläufe, Beziehungsabbrüche, die Rolle von Männern und Frauen in den Familien, auffällige Wiederholungen, Verluste von Menschen oder Orten, Grenzen, die gesetzt oder überschritten wurden, Umgang mit Selbstvertrauen, Geschichten, die immer wieder erzählt wurden, können wichtige Hinweise geben.
Dies kann eine Orientierung bringen, wo es starke Prägungen gab und in welche Richtung es gehen kann. Es kann ein wenig inneren Frieden schaffen mit dem, was war und mit dem, was ist. Wer versteht, wo er herkommt, welche Geschichte und welches Schicksal die Vorfahren mitbringen, kann liebevoller auf sich selbst blicken und aus mehr Neutralität heraus Dinge betrachten und entscheiden. Dabei geht es nicht darum, die Verantwortung für das eigene Leben abzugeben und alles,

was nicht gelingt, der Familiengeschichte zuzuschreiben. Verantwortung für das eigene Leben sollte unbedingt getragen werden, um eine Veränderung eingehen zu können. Es geht mehr um Verständnis und die aktive Überlegung, ob und wie aus alten Mustern ausgebrochen werden könnte.

Methodenkoffer füllen

Nicht nur, um das Thema dieses Buches anzugehen, ist es hilfreich, einen Methodenkoffer zu haben. Auch für viele andere Themen, die schwierig zu bewältigen sind, können die folgenden Methoden hilfreich sein. Deshalb möchte ich einige davon vorstellen.

Skalierung von Situationen

Nach einem Blick in die Vergangenheit kann der Blick in den gegenwärtigen Moment und die Zukunft gerichtet werden. Zunächst kann es hilfreich sein, zu identifizieren, in welchen Situationen es dir besonders schwerfällt, Grenzen zu setzen oder Bedürfnisse zu äußern. Gedanken wie „Darf ich das wirklich einfordern?", „Steht mir das überhaupt zu?", „Übertreibe ich?" schleichen sich beim Versuch, den Fokus auf sich selbst zu legen, ein. Da sind sie wieder, die Glaubenssätze.

Zunächst kann es hilfreich sein, festzustellen, in welchen

Situationen es für dich besonders schwer ist, Grenzen zu setzen oder Bedürfnisse zu äußern. Überlege dir so viele Situationen wie möglich, in denen das ein Thema für dich ist.

Du kannst den verschiedenen Situationen Punkte geben. Wenn 1 = ganz leicht ist, ist 10 = richtig schwer.

Als Beispiel: In der Arbeit mit Kollegen = 6, in der Partnerschaft = 3, bei Fremden = 8.

Nun kannst du deine Situationen nach Schwierigkeitsgrad ordnen. Solltest du keine Situationen gefunden haben, in der es leicht für dich ist, den Fokus auf dich selbst zu legen, denk nochmal nach. Vielleicht, wenn du allein bist?

Es ist sinnvoll, zunächst in Situationen zu üben, in denen es dir schon leichterfällt, Bedürfnisse zu spüren und zu äußern. Zum Beispiel: Wenn es dir mit deinem Partner eher leichtfällt, dich zu äußern, nimm dir mal eine kleine Aufgabe vor, die dir nicht ganz leicht fällt. Bitte deinen Partner zum Beispiel mit dir den Platz im Restaurant zu tauschen, obwohl ihr schon sitzt und du denkst, dass das übertrieben wirken könnte. Schau genau hin, was das mit dir macht, welche Glaubenssätze auftauchen und wie du dich fühlst, wenn du dich getraut hast.

Systemische Fragen

Für einen Blick in die Zukunft sind systemische Fragetechniken bewährte Hilfsmittel. Sie sind ein wichtiges Werkzeug der systemischen Beratung und Therapie. Sie können dabei unterstützen, Perspektiven zu eröffnen oder Zusammenhänge aufzudecken. Die Skalierungsfrage kam bereits an einigen Stellen im Buch vor. Es gibt noch eine Reihe weiterer Fragen, die sich jede*r Leser*in selbst stellen kann.

Die Wunderfrage

Nach dem Blick in die Vergangenheit darf der Blick in die Zukunft gerichtet werden. Die Wunderfrage lenkt die Aufmerksamkeit weg vom Problem hin zu möglichen Lösungen. Es geht darum, sich eine hypothetische Zukunft vorzustellen, um eine konkrete Vision vom Ziel und von der Lösung zu bekommen.

Nimm dir mindestens zehn Minuten Zeit für diese Übung. Versuche dir eine ruhige Umgebung zu schaffen und nimm dir gerne einen Stift und einen Zettel (oder einen Computer) zur Hand, falls du die Übung verschriftlichen möchtest. Sie kann aber auch in Gedanken gemacht werden.

» „Stell dir vor, nachts ist ein Wunder geschehen. Du wachst am Morgen auf, und das Problem ist verschwunden.

Deine Welt dreht sich ab heute um dich. Was hat sich verändert? Woran würdest du merken, dass das Wunder geschehen ist?"

→ Male dir deinen Tag so konkret wie möglich aus. Welche Gedanken hast du direkt nach dem Aufwachen, was machst du als erstes, mit wem sprichst du, wie genau gestaltet sich dein Tag? Es geht nicht um Antworten wie „Dann könnte ich mich endlich durchsetzen!", sondern um konkrete Situationsbeschreibungen wie „Ich rufe im Büro an und nehme mir Urlaub, da ich mir das heute erlaube. Danach frage ich meine Nachbarin, ob sie sich um den Hund kümmern kann, um endlich mal wieder in Ruhe in die Stadt zu gehen und einen Kaffee in meinem Lieblingscafé zu trinken. Im Café beobachte ich die Menschen und mache mir Gedanken über ....."

Wer sich sein Leben ohne das Problem vorstellen kann, hat einen entscheidenden Schritt Richtung Lösung gemacht. Daraus können konkrete Lösungsschritte abgeleitet werden.

Frage nach Ausnahmen

In Ergänzung zur Wunderfrage nutzte Steve de Shazer Ausnahmefragen, um Ressourcen zu aktivieren. Es geht darum, herauszufinden, wann das Problem weniger groß oder anders war. Wann es Ausnahmen gab.

Diese Fragen kannst du dir stellen:

- „Kannst du dich an eine Zeit erinnern, in der du den Fokus mehr auf dich lenken konntest? Was war anderes in dieser Zeit?“
- „In welchen Situationen konntest du das letzte Mal den Fokus ohne schlechtes Gewissen auf dich legen? Warum ging es da?“
- „Wie könntest du mehr von dem machen, was du gemacht hast, als das Problem nicht da war?“

Vielleicht sind die Fragen nach den Ausnahmen nicht so einfach zu beantworten. Es ist in Ordnung, sich damit Zeit zu lassen und in Ruhe darüber nachzudenken.

Verschlimmerungsfragen

Besonders gerne nutze ich die Verschlimmerungsfragen, da sie Unruhe ins System bringen und sich deshalb schnell die Perspektive ändern kann.

Mit diesen Fragen, kannst du dir die Zukunft anders vorstellen:

- „Was müsstest du tun, damit sich deine Welt noch viel weniger um dich dreht?“
- „Wie und wo könntest du verhindern, dass deine Bedürfnisse im Vordergrund stehen?“

- „Wie könntest du dafür sorgen, dass deine Grenzen weder gesehen, noch geachtet werden?“

Durch diese problemorientierten Fragen soll verdeutlicht werden, dass es eine aktive Rolle bei der Erhaltung des Problems gibt. Die Hypothese ist: Wer die Probleme bewusst erzeugen kann, der kann sie auch bewusst unterlassen.

Reframing

Wenn der Fokus auf die eigene Person gelegt wird, entsteht bei vielen die Sorge, egoistisch oder anstrengend zu wirken. Warum das für manche eine so große Sorge ist, ist vielleicht an einzelnen Stellen des Buches klarer geworden. Das Selbstbild, das Fremdbild, Loyalitäten, Vorbilder und Glaubenssätze haben einen Einfluss darauf. (An der Stelle darf jede*r sich die Frage stellen, was das Worst-Case-Szenario ist, wenn das Gegenüber tatsächlich denkt, dass man anstrengend oder egoistisch ist?)

Was aber könnte gut daran sein, anstrengend oder egoistisch zu wirken, zu übertreiben und sich selbst wichtig zu nehmen? Dazu kann die Technik des Reframings Antworten geben. Reframing bedeutet, etwas in einen neuen Rahmen zu setzen. Etwas umzudeuten, um es in ein neues Licht zu rücken und die Perspektive zu verändern.

Wer *anstrengend* ist, versteckt sich nicht, sondern nimmt sich Raum und traut sich auch mal anzuecken.

Wer *egoistisch* wirkt, kümmert sich gut um seine eigenen Bedürfnisse und nimmt sich selbst mindestens so wichtig wie andere.

Wer in den Augen anderer *übertreibt*, hat starke Gefühle zu einem Thema und traut sich, diese sichtbar zu machen.

Auch bestehende Glaubenssätze können reframed werden:

> „Ich bin nicht stark genug, um den Fokus auf mich zu legen." → „Ich bin durch meine Geschichte geprägt und habe dadurch gelernt, empathisch und für andere da zu sein. Das ist eine wertvolle Ressource, die ich weiter, aber nicht ausschließlich nutzen möchte."
>
> „Ich werde ständig ausgenutzt, weil ich nie nein sage." → „Die Menschen in meinem Umfeld wissen, dass ich sehr hilfsbereit bin und vertrauen mir genug, um mir ihre Aufgaben zu übergeben. Wenn ich in Zukunft mal nein sage, werden sie trotzdem wissen, dass ich weiter für sie da bin."
>
> „Ich kann mich einfach nicht aus meinen Mustern lösen." → „Muster fühlen sich vertraut und sicher an, deshalb ist es so schwer, sie zu verändern. Es ist nicht

alles schlecht an Mustern, denn sie schützen mich und sind innere Wegweiser. Nicht immer in die Richtung, die wir uns wünschen ."

„Die anderen sind sauer auf mich, wenn ich mich nicht mehr um sie kümmere." → „Wenn sich das Gegenüber sehr an dem stört, was ich tue, hat das mehr mit der Person zu tun als mit mir selbst. Wer sich um andere kümmert, nimmt ihnen Selbstverantwortung. Alle profitieren also davon, wenn ich mich ändere."

Reframing ist kein Wundermittel, aber es kann in manchen Momenten hilfreich sein, um einen liebevolleren Blick auf das eigene Verhalten und Gefühle zu bekommen. Es lohnt sich auf jeden Fall, es auszuprobieren.

Was, wenn die Umsetzung nicht allein gelingt?

Denkmuster, Verhalten und das Selbstbild zu verändern, ist schwierig. Tief sitzende Muster können emotionale Reaktionen unkontrollierbar machen. Bevor wir es merken, machen wir alles wie immer. Wer schon viel Zeit und Anstrengung in Veränderung investiert hat und diese nicht gelingen will, erlebt Frust und dreht sich im ungünstigen Fall selbst weiter eine Gedankenspirale der Selbstabwertung.

Wenn die fehlende Fähigkeit den Fokus auf sich selbst zu legen, die Lebensqualität einschränkt und Leidensdruck erzeugt, könnte es an der Zeit sein, Hilfe zu holen.

Unterschiedliche psychische Erkrankungen können Symptome hervorbringen, die es schwer machen Grenzen zu setzen oder Bedürfnisse zu äußern. Bei Angststörungen und speziell bei sozialen Ängsten, Depressionen oder Essstörungen ist dies ein häufiger Begleiter. Möglich ist ebenso, dass psychische Krankheiten entstehen, wenn Persönlichkeitseigenschaften auf ungünstige Lebensereignisse treffen.

Ob eine psychische Erkrankung vorliegt, kann bei Fachpersonen wie (Haus)ärzt*innen, Psychiater*innen oder Psychotherapeut*innen abgeklärt werden.

Auch wenn, aus systemischer Sicht, Diagnosen Beobachter-Konstruktionen sind, Symptome Lösungen, und Klient*innen nicht Kranke sondern Expert*innen ihres Lebens kann eine Diagnose trotzdem hilfreich sein. Um zu verstehen, dass mehr als nur Unwille hinter gescheiterten Veränderungsversuchen steht, dass das Problem viele Menschen betrifft und dass es Hilfsangebote gibt. Bei Beratungsstellen, ambulanten Psychotherapeut*innen, Tages- oder stationären Kliniken finden Menschen Hilfe, die an psychischen Erkrankungen leiden.

Ob mit oder ohne Diagnose, möchte ich dazu ermutigen, Hilfe in Anspruch zu nehmen, wenn Leidensdruck da ist. Wie groß dieser sein muss, um diesen Schritt zu gehen, ist individuell. Wenn Träume platzen oder gar nicht erst angegangen werden, wenn es viele Versuche gab, etwas zu verändern, die aber immer wieder gescheitert sind, sind das Indizien dafür, dass es ohne Hilfe keine Entwicklung geben wird.

Wer durch dieses Buch die ein oder andere Erkenntnis gewonnen hat und diese weiter verfolgen möchte, kann sich außerdem überlegen, professionelle Beratung oder Therapie zu suchen. Sich zunächst an vertraute Menschen im engeren Umfeld zu wenden und darüber zu sprechen, kann auch ein wichtiger erster Schritt sein. Denn für viele ist es ein schamhaftes Thema, nicht gut darin zu sein, Grenzen zu setzen oder Bedürfnisse zu äußern.

Schluss

Zu Beginn des Buches habe ich mit einer Skalierungsfrage gefragt (1 = du hast den Fokus überhaupt nicht auf dir selbst, sondern nur die Bedürfnisse anderer im Blick und 10 = du bist richtig gut darin dich in den Mittelpunkt deines Lebens zu stellen, hast kein schlechtes Gewissen deine Bedürfnisse zu äußern und durchzusetzen), wo du dich befindest und wo du hin möchtest.

Interessant wäre nun, sich die Frage nochmals zu stellen. Gab es eine Veränderung? Wo stehst du jetzt und wo möchtest du hin?

Auch wenn es mühsam klingen mag, kann es hilfreich sein, Erkenntnisse, die beim Lesen des Buches entstanden sind, festzuhalten. Was schriftlich festgehalten wird, festigt sich anders im Gedächtnis. Damit auch im Gefühl.

Darum geht es letztendlich. Wie oft habe ich bei Klient*innen erlebt, dass sie von sich sagen, dass sie das Problem verstanden haben und wüssten, was zu tun ist, damit es ihnen besser geht. Sie schaffen es nur nicht, es umzusetzen. Meine Antwort darauf ist meistens: „Es ist im Kopf, nicht im Gefühl. Da muss es aber hin, um dauerhaft Veränderung zu schaffen." Viele sind theoretisch bereit für eine Veränderung, aber noch nicht praktisch. Das kann sehr unterschiedliche

Gründe haben.

Ich bin fest davon überzeugt, dass jeder Person Veränderung gelingen kann. Nicht immer ist ein dauerhaftes symptomfreies Leben möglich, aber kleine oder große Schritte der Veränderung und Verbesserung. Ein tiefer Wunsch danach und das Einlassen auf den Veränderungsprozess sind hilfreiche Voraussetzungen dafür. Wer dann noch die richtige Hilfe bekommt, hat gute Chancen auf ein zufriedenes Leben. Wer schon viele Hilfen ausprobiert hat und keine Besserung erlebt, den möchte ich ermutigen, nicht aufzugeben. Vielleicht liegt es nicht daran, nicht hart genug am Problem gearbeitet zu haben, sondern noch nicht passend genug an der Lösung. Sprich, vielleicht war die Hilfe noch nicht die passende. Wir gehen auch nicht immer wieder in das Restaurant, in dem das Essen nicht schmeckt. Die Hilfe zu wechseln, vor allem nach einigen schlechten Erfahrungen, ist ein großer Schritt, den eigenen Bedürfnissen Raum zu geben.

Dass es Menschen, die den Fokus nicht gut auf sich selbst legen können, besonders schwerfallen kann, sich den Raum zu nehmen, Bedürfnisse zu äußern im Rahmen einer professionellen Unterstützung, ist logisch. Wenn genau dieser Teufelskreis durchbrochen werden kann, ist die erste große Hürde genommen.

Danksagung

Während ich diese Schlusssätze in einem Café in Portugal verfasse, möchte ich meinem Mann danken, der mir den Rücken während des Schreibprozesses freigehalten hat und sich in meiner Abwesenheit um Hund und Haus gekümmert hat. Meine beiden liebsten Freundinnen, die mich seit meiner Schulzeit begleiten und mir spannenden Input für dieses Buch geliefert haben und mir das Gefühl gegeben haben, meine größten Fans zu sein.

Meinem Vater, der mich damals, nach meiner stationären Therapie, sehr vehement überredet hat, zur ambulanten Therapie zu gehen. Ohne diesen Schritt hätte ich wahrscheinlich eine zweite Runde in der Klinik gebraucht. Und vielleicht nie die systemische Therapieschule kennengelernt. In meiner stationären Therapie zur Behandlung meiner Essstörung habe ich viel theoretischen Input bekommen, der wichtig war, um körperlich gesund zu werden und die Krankheit zu verstehen. Meine systemische Therapeutin hat mir die Krankheit aus einer anderen Perspektive gezeigt, mich die Hintergründe verstehen lassen und das ganze ins Gefühl gebracht. Doch auch das hat viel Übung meinerseits gebraucht. Tief beeindruckt von der therapeutischen Erfahrung mit ihr, habe ich die systemische Therapie als meine Therapieschule entdeckt und mich darin ausbilden lassen.

Dem Trabanten Verlag möchte ich danken, mir das Vertrauen für dieses Buch geschenkt zu haben, das mir viel

Freiraum beim Schreiben gegeben hat. So konnte ich mir einen lang gehegten Traum erfüllen.

Ich möchte mich insbesondere bei jedem Klienten und jeder Klientin bedanken, die mir im Laufe der Jahre begegnet sind, mir ihr Vertrauen geschenkt und sich auf den Prozess mit mir eingelassen haben. Durch die ich so viel lernen konnte, von dem vieles in dieses Buch geflossen ist.

Und natürlich bei allen Leserinnen und Lesern dieses Buches. Danke für eure Zeit.

Literaturhinweise

- Grawe, K. (2004). *Neuropsychotherapie.* Göttingen: Hogrefe.
- Bossmann, U. (2023). *People Pleasing – raus aus der Harmoniefalle und weg mit dem schlechten Gewissen.* Weinheim: Beltz.
- Tawwab, N. G. (2022). *Grenzen machen uns frei – ein Wegweiser sich selbst treu zu bleiben.* Kandern: Unimedica.
- Orth, U., & Robins, R. W. (2019). *Development of self-esteem across the lifespan.* In D. P. McAdams, R. L. Shiner, & J. L. Tackett (Eds.), *Handbook of personality development* (pp. 328–344). New York: The Guilford Press.
- Senf, Wolfgang et al. (2013). *Techniken der Psychotherapie.* Stuttgart: Thieme Verlag.
- Seligman, M. E. & Csikszentmihalyi, M. (2000). *Positive psychology: An introduction.* American Psychologist, 55 (1), 5-14.
- von Schlippe, A & Schweizer, J. (2016). *Lehrbuch der systemischen Therapie und Beratung I.* Göttingen: V&R.
- Becker, P. (2006). *Gesundheit durch Bedürfnisbefriedigung.* Göttingen: Hogrefe.

- Schweitzer, J. &. von Schlippe, A. (2007). *Lehrbuch der systemischen Therapie und Beratung II: Das störungsspezifische Wissen.* Göttingen: Vandenhoeck & Ruprecht.

- von Sydo, K. & Borst, U. (2018). *Systemische Therapie in der Praxis.* Weinheim: Beltz Verlag.

- Schulz von Thun, F. (2013): *Miteinander reden 3 - Das „Innere Team" und situationsgerechte Kommunikation.* Hamburg: Rowohlt Verlag.

- Boszormenyi-Nagy, I., & Spark, G. M. (1973). *Invisible Loyalties: Reciprocity in Inter-generational Family Therapy.* New York: Harper & Row, Inc.

- de Shazer, S. & Dolan, Y. (2015). *Mehr als ein Wunder: Die Kunst der lösungsorientierten Kurzzeittherapie.* Heidelberg: Carl-Auer Verlag GmbH.